드라큘라가
무서워하는
회사에
다닙니다

드라큘라가 무서워하는 회사에 다닙니다
ⓒ이철우, 2025

초판 1쇄 2025년 11월 17일 발행

지은이 이철우
펴낸이 김성실
책임편집 박성훈
표지디자인 형태와내용사이
제작 한영문화사

펴낸곳 시대의창　　**등록** 제10-1756호(1999. 5. 11)
주소 03985 서울시 마포구 연희로 19-1
전화 02)335-6121　　**팩스** 02)325-5607
전자우편 sidaebooks@daum.net
페이스북 www.facebook.com /sidaebooks
트위터 @sidaebooks

ISBN 978-89-5940-873-3 (03810)

• 잘못된 책은 구입하신 곳에서 바꾸어드립니다.

드라큘라가 무서워하는 회사에 다닙니다

이철우 지음

레드크로스, 적십자에서 일한다는 것

시대의창

프롤로그

오늘도 적십자로 출근합니다

"여보, 당신은 뭐든 시작은 잘해. 그런데 끝을 보는 게 없어."

아내의 지적, 맞는 말이다. 나는 하고 싶은 게 많은 사람이다. 그런데 시작은 했지만 중도에 포기한 것이 너무 많다. 대학 시절 요요를 배운다고 1박 2일 워크숍까지 다녀왔지만 얼마 안 가서 그만두었다. 스트레스를 푼다고 기타를 사서 반년 넘게 레슨을 받았지만 지금은 기타를 장식용으로 쓴다. 탁구 레슨을 1년 넘게 받았는데 라켓을 잡지 않은 지 10년도 넘었다. 영문 번역을 해보겠다고 합정역 5번 출구를 1년 동안 지나다녔는데, 지금은 영어 자체가 가물가물하다. 모두 다 내 의지 부족의 결과다.

그래도 내가 꾸준히 한 게 하나라도 있지 않을까? 곰곰이 생각해 보니 '직장'이 떠올랐다. 바로 적십자 생활. 1년도 안 되어 포기한 것이 즐비한데, 한 직장을 무려 20년 넘게 다니고 있지 않은가. 호구지책만으로는 설명할 수 없는 끌림이 있었다고 어느 순간 믿었고, 그 끌림에 빠져들면서 여기까지 왔다.

직장 생활을 하다가 나 자신을 돌아보게 되는 계기가 있었다. 2018년 10월 회사에서 '15년 장기근속' 표창을 줬다. 그걸 받고서 만감이 교차했다. 벌써 이렇게나 시간이 흘렀다니. 첫 출근을 하기 위해 부모님과 양복을 사러 갔던 기억부터, 거쳤던 업무, 가본 현장, 만난 사람들이 떠올랐다. 지내면서 좋은 일들만 있는 것도 아니고, 중간중간 힘든 시간도 있었다. 그렇지만 행복한 기억이 많았다.

인간의 생명을 보호하고 고통을 줄이려는 특이한 사명을 가진 기관에서 돈을 주고도 할 수 없는 값진 경험을 많이 했다. 어려운 이웃을 돕는 선의의 봉사자와 후원자, 헌혈자, 수혜자 등 다양한 사람을 만나본 것도 나에게 인생 공부가 됐다.

직장 생활의 반환점을 도는 시점에 나는 지난 20여 년의 분투를 하나하나 글로 기록해 두고 싶었다. 기억은 잊히지만, 기록은 남으니까. 글쓰기 플랫폼 브런치를 알게 되고 그간 겪었던 일들을 하나씩 썼다. 적십자 이야기에 사람들이 얼마나 흥미를 느낄지는 모르겠다. 이런 활동을 모르는 사람도 많이 있을 것이기에, 정리할 겸 알릴 겸 꾸준히 썼다. 한 주에 한 편을 쓸 때도 있었고, 안 써질 때는 두세 주에 한 편을 쓸 때도 있었다. 그렇게 손 놓지 않고 글을 썼다. 그러는 사이 나는 23년 차 적십자맨이 됐다.

내가 쓴 글들은 내 직장 생활의 전반전을 다룬 이야기다. 이 글이 가능했던 건 내가 현장 가까이에서 여러 일을 해봤기 때문이다. 물론 적십자 업무 중에는 내가 해보지 못한 것도 많다. 그런 일들은 경험이 아니라 다른 방식으로 소개하려고 고민했다. 과연 나는 내 적십자 생활의 후반전에도 이런 경험을 담아낼 수 있을까. 확신하기 어렵다. 그렇지만 가능하다면 최대한 지금처럼 현장 가까이에서 활동한 이야기를 흘려버리지 않고 글로 쓰고 공유하고 싶다. 그러기 위해 나는 오늘도 적십자로 출근한다.

목차

프롤로그　오늘도 적십자로 출근합니다 ✤ 5

1 ✤　드라큘라가 무서워하는 회사
　　　드라큘라가 아빠 회사를 무서워한다 ✤ 15
　　　좋아하면 비로소 보이는 것들 ✤ 19
　　　턱걸이 입사 ✤ 23
　　　첫 출근, 첫 출장 ✤ 28
　　　솔페리노의 회상 ✤ 32
　　　건배사가 '사랑과 봉사'라구요? ✤ 36
　　　회장님, 회장님, 우리 회장님 ✤ 39
　　　세계헌혈자의날에 야구장에 가다 ✤ 42
　　　스승의날의 유래 ✤ 46
　　　노벨상 최다 수상자 ✤ 50
　　　5·18 그리고 광주적십자병원 ✤ 53
　　　달력 속 적십자 간호복을 입은 여자 ✤ 57

'플로렌스 나이팅게일 기장'의 유래 + 63

당신에게 흘러간 것 + 67

적십자의 철학 그리고 일 + 71

2 + 멈춰서는 안 되는 일들

1월에는 아파트에 자주 간다 + 79

원 플러스 원과 긴급재난문자 + 83

사람이 하는 일 + 87

헌혈이 더 필요한 이유 + 92

토요일 군부대 헌혈 + 95

오늘도 고생하셨습니다 + 100

이산가족, 그리움만 쌓이네 + 104

봉사에도 돈이 든다 + 108

잊을 수 없는 편지 + 112

김 할아버지의 동행 + 116

필리핀의 코리아나 + 120

캄보디아로 떠난 첫 해외 봉사 ✦ 124

이상한 영어 교실 ✦ 131

사할린 동포의 방문 ✦ 134

제주4·3사건과 국제인도법 ✦ 138

라면은 공짜 ✦ 141

따뜻한 밥 한 끼 ✦ 144

게임 권하는 여자 ✦ 148

4월은 마음이 무거운 달 ✦ 152

적십자회비 ✦ 154

헌혈 그리고 혈액의 여행 ✦ 160

3 ✦ 이곳에도 배움이 있다

혈액원 직원은 헌혈할까? ✦ 167

한 글자 차이 ✦ 170

아이는 부모를 닮는다 ✦ 172

동전이 사라진다 ✦ 175

에어컨 기사의 방문 ✦ 178

많이 다녀보는 게 공부 ✦ 181

행치재 호떡집 ✦ 184

기본만 하자 ✦ 186

누구나 처음은 두렵다 ✦ 189

팬클럽이 전하는 온기 ✦ 191

장학증서를 전달하며 ✦ 194

노블레스는 아니어도 ✦ 196

나눔에도 근육이 필요하다 ✦ 200

대입 제도와 헌혈 ✦ 204

작은 돈이 모여서 큰 일을 한다 ✦ 207

4 ✦ 사람 사는 일이 그러하듯

사장님의 헌혈 사랑 ✦ 213

하루에 두 번이나 ✦ 214

회사 다니면서 논문 쓰기 ✦ 218

증권사 리포트를 읽은 이유 ✦ 221

곰손 아빠의 그림 편지 ✦ 225

까치집을 철거하다 ✦ 231

황소 걸음으로 ✦ 233

공짜 택시 ✦ 236

내복이 필요한 날 ✦ 238

14년 만에 돌아온 총회 ✦ 241

이제는 온라인 카페 문을 닫아야겠다 ✦ 245

수박떡과 바나나떡 ✦ 248

뉴욕적십자사에 걸린 대한적십자사 조끼 ✦ 250

소소한 배지 컬렉션 ✦ 256

별난 민원인 ✦ 259

참고 견뎌 ✦ 263

1
드라큘라가 무서워하는 회사

드라큘라가 아빠 회사를 무서워한다

하루는 여섯 살 딸아이가 내게 다가와 말했다.

"아빠, 나 아빠 회사 이름 알아. 적찝짜사지?"

"어. 아네."

"근데 아빠, 드라큘라가 세상에서 제일 무서워하는 게 뭔지 알아?"

"그게 뭔데?"

"십자가랑 마늘이야. 아빠 회사 십자가잖아. 드라큘라는 십자가를 무서워하니까 적찝짜사에는 못 들어가. 깔깔깔깔."

아이 덕분에 웃었다. 딸아이가 회사에 몇 번 와봤는데 그때 건물 외벽에 크게 붙은 적십자 표장을 기억하고 있었나 보다.

사실 적십자의 '십자'는 퇴마적 의미에서 유래하지는 않았다. 적십자, 즉 Red Cross를 창시한 사람들의 나라인 스위스의 국기와 관련이 있다. 적십자를 창시한 스위스인 장 앙리 뒤낭 Jean Henri Dunant 은 1859년 이탈리아 솔페리노 전투의 참상을 경험하고 쓴 책 《솔페리노의 회상 Un souvenir de Solférino》에서, 모든 국가에 자발적 구호단체를

장 앙리 뒤낭Jean Henri Dunant(1828~1910)

조직하고 의료 요원이 효과적으로 활동할 수 있도록 이들을 중립적으로 간주할 국제조약을 체결하자고 제안했다. 이에 따라 1863년 국제부상자구호위원회(추후 국제적십자위원회)가 탄생했고, 1864년에는 최초의 제네바협약이 체결됐다.

이제 다음 과제는 전시 의무요원과 자원봉사자, 무력충돌 시 희생자를 보호하기 위한 식별 표지를 채택하는 일이었다. 이 표지는 심플하면서 멀리서도 식별하기 쉬워야 했다. 또 누구나 알고 있는 모양이어야 하고, 아군과 적군에게 동일하게 적용되어야 했다.

적십자 표장이 채택되기 전만 해도 오스트리아군 의무 부대는 흰색 기를, 프랑스는 붉은색 기를, 스페인은 황색 기를 사용했다. 병사들은 자국 의무 부대 깃발은 알고 있지만 상대 국가의 의무 부대 깃발을 알지는 못했다. 이 탓에 중립으로 간주돼야 할 의무 부대가 공격 타깃이 되는 경우가 많았다. 그래서 1864년 앙리 뒤낭의 모국인 스위스 국기의 색깔을 거꾸로 한 백색 바탕에 붉은색 십자가를 군

적십자 표장. 왼쪽부터 적십자, 적신월, 적수정.

의료 활동을 보호하는 표장으로 채택했다.✢

그런데 또 다른 문제가 발생했다. 1877년부터 1878년까지 벌어진 러시아튀르크전쟁에서 오스만인들에게 붙잡힌 의료 요원들이 적십자 완장을 둘렀다는 이유로 살해됐다. 이슬람 군인들이 십자가 표식을 보고는 과거 11~13세기 유럽이 일으킨 십자군 전쟁을 떠올린 까닭이었다. 이에 오스만튀르크에서는 적십자 대신 초승달 형태인 '적신월 Red Crescent'을 사용했다. 적신월은 점차 이슬람권으로 퍼져나갔고, 1929년 마침내 제네바협약에서 공식적으로 채택됐다.

그리고 2005년에 이르러 세 번째 표장이 승인된다. 바로 '적수정 Red Crystal'이다. 당초 이스라엘은 '다윗의 별 Magen David Adom'이라는 독자 표장을 사용했다. 정삼각형 두 개를 엇갈려 겹쳐놓은 이 모양이 유대교를 상징하기 때문에 이슬람권 국가들의 반발이 심했다. 그래서 절충안으로 육각형 대신 사각형 마름모 모양으로 새 표장이 승

✢ 김혜남,《적십자 정신과 실천》, 하늘재, 2002년, 57~62쪽.

인됐다. 이렇듯 적십자와 적신월, 적수정은 표장 모양은 달라도 국제적십자 활동을 의미한다.

적십자는 탄생 이래로 세계 곳곳의 여러 전쟁에서 눈부신 활약을 해왔다. 1917년(제1차 세계대전 기간)과 1944년(제2차 세계대전 기간), 창설 100주년을 맞은 1963년까지 세 차례 노벨평화상을 수상했다. 초대 수상자인 앙리 뒤낭까지 포함하면 총 네 차례나 수상하는 영예를 안았다.

장맛비가 내려 외출하지 않고 집에 머무르면서 딸아이에게 적십자 십자가의 유래를 이야기했다. 아직은 어린아이가 이해하기에 쉽지 않은 내용이라고 생각했지만, 아이는 아빠의 이야기를 끝까지 들었다. 드라큘라를 직접 만나본 적이 없어서 드라큘라가 아빠 회사의 십자가를 무서워하는지는 잘 모르겠다. 다만, 어디 드라큘라도 있다면 헌혈에 동참시켜야겠다.

좋아하면 비로소 보이는 것들

대학 3학년 무렵으로 기억한다. 마지막 수업이 끝나자마자 같은 과 친구가 서둘러 가방을 쌌다. 무슨 급한 일이 있는지 곧장 강의실을 뛰쳐나가려는 친구에게 어디 가냐고 물었다.

"알씨와이."

"거기 뭐하는 덴데?"

"봉사하는 데 있어. 오늘 중문에서 모임 한다고 해서."

엉뚱하고 대담한 구석이 있는 녀석이 봉사 모임에 나간다니 나는 의아했지만 곧 그 일을 잊었다. 그러다가 적십자사에 입사하고 얼마쯤 지나서 당시 나눴던 대화가 불현듯 떠올랐다. 혹시 친구가 그날 간다고 했던 모임이 청소년적십자RCY를 말한 거였나? 학창 시절 대학 RCY 출신이다 RCY본부에서 오래 근무한 선배에게 혹시 그 친구를 아느냐고 물어보았다.

"그럼. 잘 알지."

아는 만큼 보인다고 했다. 낫 놓고 기역 자도 모른다고, 나는 입사 전에는 헌혈 말고 적십자에 대해 알지 못했다. 내가 다닌 초·중·고등학교에는 RCY가 없었으니 그 용어조차 낯선 게 당연했다. 그런데 신기하게도 이 회사의 일원이 되고 회사의 역사를 배우기 시작하면서 내 안에서 이상한 능력이 발현되기 시작했다. 그동안 못 보고 지나쳤던 빨간 십자가들이 내 레이더에 선명하게 잡혔다.

거리에 빨간색 더하기 표장이 붙은 건물, 헌혈 버스와 차량이 눈에 들어왔다. 도로변에 있는 병원과 약국 간판, 군 앰뷸런스와 헬기, 뉴스에 나오는 병원선, 장난감, 게임 캐릭터, 축구 의료진 복장에서도 적십자 표장이 보였다. 일부는 표장을 잘못 사용하기도 했다.✢

영화에서도 적십자가 보이기 시작했다. 1980년 5월 광주민주화운동을 다룬 영화 〈택시운전사〉를 보는데 서울 택시기사인 배우 송강호가 광주 택시기사인 유해진을 만난 곳이 광주적십자병원이다. 광주적십자병원은 당시 다른 병원이 문을 닫았을 때에도 의사와 간호사 들이 철야 근무를 하며 실제 의료 활동을 펼친 곳이다. 이 밖에도 전쟁이나 재난을 다룬 영화에서는 적십자가 빠짐없이 등장했다. 대형 터널 사고를 소재로 다룬 영화 〈터널〉, 최악의 바이러스 감염 질환을 다룬 영화 〈감기〉, 재난 탈출 영화 〈엑시트〉에는 적십자 구호품이 등장했다. 영화 〈모가디슈〉에서는 남북 대사관 직원들이

✢ 적십자 표장을 병원과 약국의 상징으로 잘못 사용하는 경우가 많다. 적십자 표장 위반 시 1000만 원 이하의 벌금을 물어야 하거나, 유사 명칭 사용 시 500만 원 이하의 과태료 처분 대상이 된다.

적십자 구조기를 타고 케냐로 탈출했다.

책도 예외가 아니다. 스콧 피츠제럴드F. Scott Fitzgerald의《위대한 개츠비The Great Gatsby》를 읽다가 "그녀는 내가 적십자로 가서 붕대를 만들 것이냐고 물었고"라는 대목을 만나고는 너무나 반가웠다. 제2차 세계대전 당시 독일군이 유일하게 점령했던 영국 영토 건지섬을 배경으로 한 편지 소설인《건지 감자껍질파이 북클럽The Guernsey Literary and Potato Peel Pie Society》에는 적십자가 구호품을 보내는 내용이 나왔다. 노벨문학상 수상자 한강 작가가 쓴《소년이 온다》는 적십자병원에 안치됐던 시민들의 주검이 상무관으로 들어오는 장면으로 이야기가 시작된다. 최연혁 교수의《우리가 만나야 할 미래》에도 적십자의 활동이 나왔다.《당신이 잘되면 좋겠습니다》에는 김민섭 작가의 자전적 헌혈 이야기가,《6개월에 천만 원 모으기》에는 절약을 위한 헌혈 이야기가 소개된다. 이 밖에도 내가 알지 못한 여러 책 속에 적십자는 숨겨져 있을 것이다.

마지막으로 관광지에서도 적십자가 눈에 들어왔다. 10여 년쯤 전, 처가 식구들과 설악산국립공원에 갔다. 권금성 정상 근처에 올랐더니 그곳에 적십자산악구조대가 있었다. 제주도 이중섭미술관에서는 화가의 생애를 읽다가, 그가 1956년 40세의 나이로 서대문에 있는 서울적십자병원에서 사망했음을 알았다. 김수영 시인도 서울적십자병원에서 48년의 짧았던 삶을 마감했다.

이처럼 알게 모르게 적십자는 나의 일상 주변에 이미 자리하고 있었다. 아주 오래전부터 국내외를 불문하고. 밤새 돌아가는 보일러가 내 잠자리를 따뜻하게 해주듯, 내가 미처 의식하지 못하는 사이에도 적십자는 계속 돌아갔다. 알기 전에는 안 보였지만, 알고 나면 이제 보지 않을 수가 없다.

턱걸이 입사

대학 졸업반이 되자 친구들이 하나둘 취직해서 학교를 떠났다. 취업이 결정된 친구들이 내심 부러웠다. 학점이나 메우고 있는 나 자신이 한심했다. 군대 가기 전 방황하면서 학점 관리를 제대로 못 한 대가를 톡톡히 치르는 중이었다. 빨리 취직해야 지긋지긋한 알바도 끝내고, 학자금 대출도 갚고, 힘들어하시는 부모님에게도 보탬이 될 수 있을 텐데. 마음은 조급했지만 원서를 내봐도 나를 선택하는 곳은 없었다. 상황도 안 좋은데 운도 안 따라주는 것만 같았다.

생각해 보면 내 삶은 재능이나 자질보다는 노력에 가까웠다. 공부를 특출나게 잘하지도 않았고, 남다른 감각이나 관심사가 있다거나, 외모나 언변이 좋지도 않았다. 나는 애매할 뿐이었다. 그나마 하나 내세울 걸 찾자면 주어진 일을 책임감 있게 하려고 노력하는 편이라는 점. 하지만 그런 게 밥 먹여주지는 않았다.

졸업을 앞둔 2003년 2월, 채용 사이트에서 대한적십자사 직원 모집 공고를 우연히 보았다. '어. 적십자도 사람을 뽑는구나.' 고등학교 2학년 때 적십자에서 처음 헌혈했고, 대학생 때도 등록 헌혈자로서 주기적으로 헌혈을 했다. 그런데도 적십자가 어떤 조직인지, 어떤 활동을 하는지 나는 잘 알지 못했다. 회사 홈페이지에 들어가 자료를 찾아보면서 어쩌면 이 회사가 나하고 잘 맞을지도 모르겠다는 느낌이 들었다.

먼저, 공익 활동을 하는 기관이라는 점이 매력적이었다. 남을 돕는 기관에서 일하는 데 월급도 준단다. 회사 FAQ에 "연봉은 얼마인가요?"라는 질문과 답변이 올라 있었는데, 8급 공무원 기준은 된다고 쓰여 있었다. 그 정도면 괜찮겠다고 생각했다(당시 기준이며 현재는 다르다).

다음으로, 왠지 해외에 가볼 기회가 많을 것 같았다. 학창 시절 영어가 유행이라 어학연수를 다녀온 친구가 많았다. 마치 거쳐야 하는 필수 코스 같았다. 하지만 등록금에 월세에 생활비까지 충당하느라 아르바이트하기에도 빠듯한 나에게 어학연수는 그림의 떡이었다. 적십자는 해외 구호 활동을 많이 한다고 하니 회사에 들어가면 바깥세상을 구경할 기회가 자주 생길 것 같았다.

마지막으로, '펀드레이저fundraiser'라는 일이 궁금했다. 펀드레이저는 비영리단체나 자선 단체 등에서 기부 활동을 기획하고 독려하는 전문가다. 당시에는 적십자뿐만 아니라 사회복지공동모금회, 아름다운재단 등 모금 단체가 많이 생겨나 활동했다. 기부 시장도 커지는 참이었다. 이왕 일을 한다면 펀드레이징 일을 배워서 전문가가 되어도 좋겠다고 생각했다.

  그렇게 사무직에 지원했다. 채용 절차는 희망하는 지역 기관에 지원하고 서울에서 시험을 보는 순서였다. 나는 청주에 있는 충북혈액원에 원서를 냈다. 대학을 다닌 곳이 청주였다. 요즘은 블라인드 채용에다 온라인으로 서류를 제출하지만, 그때는 작성한 원서를 가지고 사무실에 직접 방문해 제출했다. 서류를 제출하면서 인사 담당자 책상을 곁눈질로 보니 서류봉투가 제법 쌓여 있어서 경쟁률이 높다는 걸 알 수 있었다.

  채용 과정은 서류 접수, 필기 시험, 면접 시험으로 세 단계. 서류를 제출하고 얼마 뒤 서울 마장동에 있는 서울지사 강당에서 필기 시험을 봤다. 다행히 필기 시험에 합격하고, 본사에서 치를 면접 시험을 남겨 뒀다. 혈액원에서 한 명만 뽑을 예정이기 때문에 면접 준비를 더없이 잘해야 했다. 자료를 달달 외우고 스피치 연습도 많이 했다. 면접 날 면접장에서 면접관들의 질문을 받고는 긴장은 했지만 최대한 준비한 대로 답변을 했다. 진인사대천명盡人事待天命이라고 이제 결과만 남았다.

  발표일에 초조한 마음으로 홈페이지에 들어가 봤지만, 결과는 탈락이었다. 진짜 열심히 준비했는데 아쉬움이 컸다. 뭔가를 쉽게 얻어본 적이 없어서, 이번에도 또 그렇구나 싶었다. 인연이 아닌가 보다 생각했다. 나는 생계형이라 다른 회사에 취업 원서를 계속 써 내고 면접을 보러 다녔다. 그러다 이천에 있는 한 중소기업에 입사해

3개월 수습 과정을 거치면서 다른 생활에 익숙해 갔다.

그러던 7월의 어느 날이었다. 1년마다 돌아오는 예비군 동원훈련에 가려고 회사에 4일 휴가를 내고 퇴근하는 길이었다. 모르는 번호로 전화가 왔다.

"안녕하세요. 적십자 인사팀장입니다. 이철우 씨 맞으신가요?"

"네. 그런데요."

"혹시 지금 어디서 일하고 계시는 중이신가요?"

"네. 지금 회사 다니고 있습니다."

"몇 달 전에 적십자에 지원하셨잖아요. 앞에 합격해서 근무하던 직원이 퇴사를 했어요. 혹시 적십자에 와서 근무하실 수 있나요?"

"(한번 튕기듯이) 아, 고민되는데 내일까지 말씀드려도 될까요?"

"네. 내일 오전까지 꼭 연락해 주세요."

예상치 않은 연락이었다. 꿈에 가까워진다는 게 이런 걸까. 생각지도 않은 기회가 네 달이 지난 뒤에 나에게 찾아왔다. 부모님과 급히 전화로 상의하고 적십자사에 가기로 결정했다. 해보고 싶었던 일이었으니까. 통화한 다음 날 오전 연락해서 가겠다고 말했다. 이제 남은 것은 다니는 회사와 아름답게 작별하는 일. 동원훈련 동안 '뭐라고 팀장님한테 말하지?' 계속 고민했다. 훈련을 마치고 회사에 다시 돌아간 첫날 팀장님께 퇴사하겠다고 말씀드렸다.

"혹시 퇴사하려는 이유가 궁금한데?"

"여기 들어오기 전 적십자사에 원서를 썼는데 예비군 가기 전날 연락이 왔습니다. 꼭 해보고 싶은 일이라 퇴사를 결심했습니다. 잘 대해주셨는데 죄송합니다. 팀장님."

솔직하게 말하는 게 예의라고 생각했다. 내 가능성을 가장 먼저 보고 나를 선택해 준 고마운 회사였으니까. 다른 이유도 아니고 꿈을 좇겠다는 나의 말에, 팀장은 알겠다면서 가서도 잘하라고 응원했다. 그렇게 나는 우여곡절 끝에 가까스로 적십자사에 입사했다. 2003년 8월 1일이었다.

첫 출근, 첫 출장

예비 합격으로 남들보다 네 달이나 늦게 입사했지만 그게 무슨 대수인가. 들어왔다는 사실이 중요하고, 그러면 그만이지. 드라마 〈스토브리그〉에서 백승수 단장이 이런 말을 한다. "해봐야 알겠지만, 뭐 열심히는 할 겁니다." 나도 무슨 일이든 열심히 할 자신은 있었다. 남들이 휴가 떠나는 1년 중 가장 무더운 여름 날에 그렇게 나는 양복에 넥타이까지 매고 첫 출근을 했다.

출근지는 처음 지원한 혈액원이 아니었다. 충북지사로 바뀌어 있었다. 전임자가 3개월 수습을 마치고 정규 임용된 7월 1일에 충북지사와 충북혈액원 두 기관이 드물게 교류 인사를 했는데, 전임자가 지사로 발령받고 며칠 안 돼 퇴사해 버렸다고 했다. 나로서는 찬밥 더운밥 가릴 처지가 아니어서 기관이 바뀌었다고 특별히 부담이 된다거나 싫다거나 하지는 않았다. 오히려 관심 있던 펀드레이저 일에 가까워져서 내심 잘됐다고 생각했다.

출근해 보니 지사와 혈액원이 건물을 같이 사용하는 터라 작지 않았다. 다만 지사 직원이 적은 듯했다. 회장, 국장, 팀장, 사원을 모두 합쳐 열세 명이 전부였다. 인원 적은 걸로 따지자면 제주지사 다음 정도라고 했다. 소수 인원이라 채용도 몇 년에 한 번 퇴사자가 생겨야 있을 법했다. 건물과 가구는 오래됐지만 깨끗하게 관리된다는 인상을 받았다.

   수습 직원은 일 배우는 과정에 있는 사람이다. 모든 게 낯설기 마련이다. 책상에 앉아 있다가도 누군가가 사무실에 들어오면 덩달아 일어나 인사했다. 선배들이 일을 시키면 처리했고, 타 부서에서 부르면 가서 힘을 보태고 다시 제자리로 돌아오는 게 일이었다. 이때만큼 한가한 때도 없었지만 돌이켜 보면 이때가 오히려 어색하고 불편했다. 선배들은 자기 일이 바빠서 나에게 일을 일일이 알려주지는 못했다. 그래도 나를 두고 "진짜 잘 들어왔다. 앞에 있던 친구보다 훨씬 낫다"라고 볼 때마다 칭찬했다. 내가 정말 전임자보다 나은지, 아니면 나마저 나가면 공백기가 길어지니 붙잡고 싶어서 그러는지 속내를 알 수 없었지만, '나는 잘하고 있다'라고 믿기로 했고 그렇게 생각하니 마음도 한결 편했다.

   드라마 속 세계가 현실과 다르듯이, 내가 상상했던 직장의 모습과 달리 현실에서 마주하는 적십자는 너무나 정적이었다. 적십자 하면 구호 조끼를 입고 현장에 달려가는 모습을 떠올렸는데 정작 내부의 일이란 단조롭고 사무적인 일의 연속이었다. 내 소속이 지원 부서인 총무팀이어서 더욱 그랬을 것이다. 그러다 일한 지 한 달이 지난

9월 중순, 나는 첫 출장을 가게 됐다.

  2003년 9월, 초강력 태풍 매미가 남부 지방을 휩쓸고 지나갔다. 바다가 없는 충북에서는 직접 피해가 크지 않았지만, 남부 지방은 피해가 막심했다. 복구 인력과 장비 지원이 절실했다. 수습 직원의 눈에도 사무실이 갑자기 분주하게 돌아가는 게 보였다. 그러던 와중에 총무팀장님이 나를 불렀다. "내일 태풍 피해 지역에 지원 나갈 겁니다. 선발대로 남해군에 갈 테니 잘 준비하세요." 게임에는 '깍두기'라는 게 있다. 아이들이 편을 갈라 놀 때 어느 한 편에 속하지 않고 여기저기 끼워주는 사람을 깍두기라고 한다. 생각해 보면 수습 직원은 깍두기 같은 존재다. 아직 정식으로 도맡은 일이 없기 때문이다.

  그렇게 다음 날 오전 2.5톤 급식 차량과 긴급재난 차량에 직원과 봉사원 다섯 명이 함께 선발대로 출발했다. 고속도로를 한참 달려 남해군에 들어섰다. 바다에 점점 가까워지자 태풍의 흔적을 곳곳에서 볼 수 있었다. 집채같이 큰 배가 길 한쪽 편에 박혔고, 물이 들어왔다가 빠져나간 탓에 잔해들이 여기저기 뒤엉켜 있었다.

  우리는 차를 몰아 관공서로 갔다. 현지 공무원을 만나서 다음 날 내려올 봉사자들이 일할 곳을 설명 듣고 소개해 준 숙소로 갔다. 모텔 이름이 '밀포드'였다. 사장님이 우리더러 멀리서 좋은 일 하러 내려왔다고 숙박비를 받지 않으셨다. 심지어 통닭까지 방에 시켜주셨다. 다음 날 버스 여러 대로 봉사자 수백 명이 내려왔다. 봉사자들은 곳곳으로 흩어져 해변을 따라 부유물과 집 안으로 넘어 들어온 쓰레기를 치웠고, 주민센터에 들어온 기부 물품을 분류했다. 급식 차량에서는 자원봉사자와 공무원이 먹을 식사를 만들어 제공했다. 나는 옆에서 물건을 나르고 옮기는 보조 일을 했다.

태풍 피해는 이토록 큰데, 태풍이 지나간 하늘은 더없이 맑았고 반짝이는 바다는 고요했다. 아름다운 윤슬을 보고 있자니 아이러니하다고 느꼈다.

그렇게 정해진 활동을 모두 마치고 청주로 돌아오는 길, 운전하는 선배에게 미안해 졸음을 참아보려고 노력했지만 나도 모르게 꾸벅꾸벅 졸았다. 집에 돌아와서는 천근만근 뻐근한 몸으로 까무룩 잠이 들었다.

첫 출장의 여파로 몸은 피곤했지만 남모를 뿌듯함이 차올랐다. 삶에는 계기가 있다. 한 여자를 좋아하게 된 계기, 학업에 매진하게 된 계기, 절약을 결심하게 된 계기, 술이나 담배를 끊게 된 계기 같은. 내게는 재난구호로 떠난 첫 출장이 그런 변화의 시작이었다. 그렇게 조금씩 이 일이 달리 보이고 좋아지기 시작했다.

솔페리노의 회상

"5월 8일이 무슨 날인가요?"

신입 직원은 부서별 교육을 받는다. 총무팀 교육을 받으러 온 신입 직원 세 명에게 어떤 말로 이야기를 시작할지 생각하다가 때마침 5월이라 기념일 질문을 던졌다. 그랬더니 "어버이날이요"라는 답변이 이구동성으로 나왔다. 맞는 말이다. 대한민국에서 태어나 자란 사람들에게 5월 8일 하면 어버이날이 먼저 떠오르는 게 당연하다. 나도 그랬으니까.

나는 "맞습니다"라고 짤막하게 말하고 나서, 이날은 우리에게 또 다른 의미가 있는 날이라고 알려주었다. 바로 적십자를 창시한 앙리 뒤낭의 생일을 기념해 만들어진 세계적십자의날World Red Cross and Crescent Day이다. 전 세계에 걸쳐 수많은 사람이 활동하는 가장 큰 인도주의 네트워크 적십자.✢ 이 모든 것은 한 사람, 앙리 뒤낭과 그가 쓴 한 권의 책《솔페리노의 회상》에서 시작됐다. 곧 교육원 기초 교

✢ 《2023 대한적십자사 사업보고서》, 10쪽.

육이 있는데 사전 과제로 이 책 독후감을 반드시 써야 하니 미리 읽어보라고 알려주었다.

풋풋한 신입이던 게 엊그제 같은데 어느새 직장에서 고참이 되어 후배에게 이런 내용을 전하고 있다니 감회가 새로웠다. 사실 나도 입사했을 때 모르는 것투성이었다. 선배에게서 똑같이 이 책을 읽으라는 말을 들었다. 앙리 뒤낭에 대해서는 입사를 준비하면서 홈페이지와 포털사이트에서 정보를 얻을 수 있었지만, 《솔페리노의 회상》은 최근까지도 비매품이었기 때문에 입사하고 나서야 책을 접할 수 있었다.✢

이 책을 처음 읽자마자 엄청난 감동이 밀려와 내 인생이 홀라당 바뀌었다고는 말할 수 없다. 지구 반대편 유럽의 지명과 200명이 넘는 생소한 인물, 무엇보다 당시에는 독후감 숙제를 빨리 끝내야 한다는 생각에만 꽂혔다.

정작 이 책의 진가를 맛보게 된 때는 입사하고 여러 해가 지났을 무렵이었다. 봉사 조직을 관리하는 구호복지팀에서 사회봉사 업무를 맡으면서 나는 처음 입회하는 봉사원 앞에서 국제적십자운동을 교육해야 하는 상황에 놓였다. 실수하지 않고 하나라도 더 알리려면 나부터 제대로 알아야 했기 때문에 다시 이 책을 꺼내서 읽었다.

✢ 《휴머니타리안: 솔페리노의 회상》(이소노미아)가 2019년 2월에, 《솔페리노의 회상》(주니어김영사)이 2020년 12월에 출판됐다.

그랬더니 처음과는 달리 마음속에 남는 것이 확실히 있었다. 아마도 입사한 이래 몇 년 동안 현장에서 경험을 쌓다 보니 예전에는 놓쳤던 게 다르게 보였던 것 같다.

고작 130페이지밖에 안 되는 이 얇은 책에는 전쟁의 잔혹함이 잘 담겨 있다. 전쟁은 결코 낭만적이지 않다. 이 책에는 전쟁을 소재로 한 책이나 영화에서 등장하는 흔한 영웅 서사도 없다. 죽은 사람들과 죽어가는 부상자들, 이들을 간호하는 또 다른 사람들이 나올 뿐이다. 전쟁터에서 부상자를 치료하는 장면을 읽을 때는 그 장면이 그려져 소름이 돋았다. 어디 나만 그랬겠는가. 수많은 사람이 이 책에서 충격을 받은 까닭에 구호단체 결성에 지원과 지지를 보냈을 것이다.

> 끔찍하고 소름 끼치는 백병전이 벌어졌다. 오스트리아군과 연합군은 유혈이 낭자한 시체 더미 위에서 서로를 짓밟아 죽였고, 개머리판으로 머리를 쳐 죽이거나 군도와 총검으로 배를 찔러 죽였다. 그들은 서로를 가차 없이 죽였던 것이다. 그것은 하나의 도살장이었으며, 피에 굶주리고 피 맛에 취해 날뛰는 맹수들의 싸움이었다. 부상자들조차 마지막 숨이 끊어질 때까지 서로 싸웠으며, 무기를 잃어버린 자들은 적군의 목덜미를 잡고 이빨로 물어뜯었다.
>
> 앙리 뒤낭, 《솔페리노의 회상》, 대한적십자사, 2009, 20~21쪽.

만약《솔페리노의 회상》이 세상에 나오지 않았다면 어땠을까. 아마도 더 많은 사람이 전쟁의 포화 속에서 희생됐을지도 모른다. 전쟁으로 인하여 소중한 가족을 잃거나 생사도 모른 채 평생 가슴 아파하는 사람이 더 많았을지도 모른다.《솔페리노의 회상》은 전쟁으로부터 인류의 생명을 보호하고 고통을 줄이는 데 크게 기여한 책이 아닐까. 한편으로는 이 책을 보면서 글의 힘이라는 게 얼마나 강한지를, 심지어는 세상을 변화시키는 거대한 흐름을 만들 수 있음을 느꼈다.

  아플 때 건강의 소중함을 알게 되듯, 전쟁은 평화의 소중함을 상기시킨다. 오늘 우리의 현실은 어떠한가. 이스라엘과 팔레스타인이, 우크라이나와 러시아가 싸우고 있으며, 중국과 대만은 긴장 관계이며, 여전히 우리는 분단국가의 국민으로 살고 있다. 전쟁의 불씨가 완전히 꺼져 안심하고 살아갈 그날은 언제일까. 전쟁은 신성하지도 않을뿐더러 모두의 공멸을 부를 뿐이다. 평화가 유지되어야 하는 이유가 여기에 있다.

건배사가 '사랑과 봉사'라구요?

첫 출근을 한 날, 이날만큼은 술자리가 없겠지 생각했다. 출근일이 1년 중 가장 무더운 8월의 첫날이라 일이 끝나자마자 자취방으로 직행해서 온종일 흘린 땀을 씻어내고 시원한 에어컨 바람이나 쐬면서 하루를 마무리하고 싶었다. 하지만 이곳 적십자에도 후배를 살뜰히 챙기는 선배들이 있다.

퇴근 무렵 내게 다가온 한 선배는 "오늘 저녁에 약속 있어요?"라고 물었다. 나는 거부하기 힘든 이 물음 앞에 아주 잠시 주저하다가 선배들을 따라 식당으로 향했다. 그날 밤 나는 선배들이 주는 환영 술잔을 요령 없이 날름날름 받아 먹다가 그만 취하고 말았다. 다행히도 내 귀소본능은 뛰어나서 가까스로 자취방에 돌아오긴 했다.

다음 날이 문제였다. 집에 들어가자마자 뻗어버린 탓에 알람을 맞추지 못해 평소보다 늦게 깨고 말았다. 나는 스프링처럼 튕기듯 일어나 대충 씻고 후다닥 옷을 갈아입고 도로까지 달려가 택시를 잡고 회사에 가까스로 갔다. 하마터면 둘째 날부터 지각할 뻔했다. 다급하면 얼마나 초인적인 능력이 발휘되는지를 몸소 증명한 아침이었다. 지금 생각해도 당혹스러운 순간이다.

　술 마시는 직장인이라면 이런 아찔한 경험이 한 번쯤은 있지 않을까 싶다. 자칫하면 입사 초부터 술 먹고 지각하는 녀석이라는 오명을 남길 뻔했다. 그런데 그로부터 얼마 지나지 않아서 나는 술자리에서 또다시 당혹스러운 순간을 맞았다. 회식 자리에서 들은 건배사 때문이었다.

　그날은 기관 회식이 있던 날이었다. 국장님이 건배를 제의했다. "모두 잔을 높이 들어주세요. 제가 '사랑' 하면, '봉사'라고 화답하기 바랍니다." '사랑과 봉사'라니. 속으로 이게 뭔가 싶었다. 이제껏 내가 아는 건배사와는 차원이 다른, 이토록 경건한 건배사는 들어본 적이 없었다. 주변 선배들 얼굴을 살짝 살폈는데 다들 익숙하다는 표정이었다. 그날 처음 알았다. 남을 돕는 일을 하는 인도주의 기관 적십자는 술자리에서도 인류애와 나눔을 강조한다는 사실을 말이다. 그날부터 '사랑과 봉사'는 회식에서 꼭 빠지지 않고 들었다. 때로는 내가 건배사를 할 때 써먹기도 했다.

　그로부터 몇 년 후 '사랑과 봉사'에 다음가는 새로운 건배사가 등장했다. 이름하여 '뚜띠 프라텔리 Tutti Fratelli'. 어느 '윗분'께서 적십자의 태생이라 할 수 있는 이탈리아 솔페리노에 다녀오셨는지 이 말이 회자됐다. 처음 이 건배사를 들었을 때 나는 백화점에서 샀던 구두 이름을 떠올렸다. '뚜띠.' 그게 무슨 뜻인지도 모르고 구두를 신었었는데, 알고 보니 '모두'라는 뜻이었다. 뚜띠 프라텔리는 '모든 사람은 형제다'라는 의미라고 했다.

　가끔은 이런 생각을 한다. 왜 우리는 술자리에서도 이처럼 인류애를 강조할까. 틀에 박힌 멘트라고 생각할 수도 있지만, 우리는 일반 직장과는 조금 다른, 누군가를 돕는 일을 업으로 삼아 모인 사람들이기 때문이리라.

　중요한 건 술자리와 건배사가 아니라 그 말뜻에 담긴 의미를 함께 고민하는 일이다. 그리고 이 길을 걸어가는 동료들끼리 연대감을 느끼는 것이 아닐까. 요즘 들어 후배와 함께 편하게 술자리를 하고 싶은데, 말이 쉽게 떨어지지 않는다.

회장님, 회장님, 우리 회장님

카톡으로 청첩장이 날아왔다. '그런데 누가 보낸 거지?' 카톡 이름만 봐서는 누가 보냈는지 알 수가 없어 화면을 열어봤다. '앗! 이 회장님이다. 이번에 자녀가 결혼하는구나.' 나는 짧게 화답 메시지를 남겼다.

내 휴대폰에는 '회장님' 연락처가 많이 저장돼 있다. 일을 하다 보면 다양한 사람들과 연결된다. 사업가도 만나고 기관장도 만나고 단체장도 만난다. 하지만 내 휴대폰 속 회장님들은 기업체를 소유하거나 경영하는 소위 '왕회장님'이 아니다. 그들은 바로 적십자에서 알게 된 '봉사회장님'들이다.

사실 대한민국에서 적십자만큼 회장님이 많은 조직이 있을까 싶기도 하다. 먼저 회사 업무를 총괄하는 사람이 '회장님'이다. 대한적십자사는 1905년 창립됐을 때부터 100년 넘게 '총재'라는 명칭을 써왔다. 그런데 2011년 대통령이 한국은행총재 명칭을 두고 일본 잔재를 담고 있어 민주화 시대에 맞지 않는다고 하여 논란이 있었다. 당시 공공기관 중 총재 명칭을 쓰는 곳은 한국은행과 대한적십자사 정도. 대한적십자사는 일제강점기 이전인 고종 황제 시절부터 총재라는 표현을 썼지만, 2019년 5월 결국 기관장 명칭을 회장으로 변경했다. 정작 한국은행은 유통되는 화폐를 다시 인쇄하는 데 수천억 원의 비용이 들고, 현금입출금기와 자동판매기 프로그램까지 바꿔야 하는 문제가 있어 공공기관 중 유일하게 총재라는 명칭을 그대로 쓰고 있다.

여기에 지역을 대표하는 지사회장도 부를 때는 줄여서 '회장님'이다. 게다가 적십자는 10만 명이 넘는 봉사자들이 소속된 단체이니 봉사회가 많다. 또 그만큼 봉사회장도 많다. 당연히 부를 때는 김 회장님, 이 회장님, 박 회장님, 최 회장님 등 모두 남녀불문 회장님이다. 게다가 어디 현직 회장만 회장인가, 전직 회장도 부를 때는 회장님이다.

또 있다. 응급처치와 수상안전 등 강사회와 RCY지도교수(사)협의회, 혈액봉사회 등 조직 명칭 끝에 '회'가 붙으면 다 회장님이다. 이렇다 보니 20여 년 여러 기관과 부서를 두루 거친 나의 휴대폰에 회장님 연락처가 많을 수밖에.

어느 금요일 밤이었다. 퇴근하고 집에서 아이랑 놀다가 카톡이 온 걸 뒤늦게 보았다. "팀장님! 월요일 ○○보리밥 12시 점심 초대합니다. 부담 갖지 마시고 함께해 주세요. ^.^" Y 회장님의 점심 초대였다. 결연을 맺은 장애인, 조손가정 가족과의 식사 자리였다. 예정된 헌혈 교육이 있어서 진짜 가고 싶은데 못 간다고 양해를 구했다.

세상에는 회장님이 참 많다. 나는 그중에서 주변에 도움을 주려고 묵묵히 자기 자리에서 노력하는 이런 회장님들이 참 좋다. 언제 만나도 불편하지 않고 또 만나고 싶은 임의로운 회장님들. 이런 분들이 내게는 회장님, 회장님, 우리 회장님이다.

세계헌혈자의날에 야구장에 가다

　부모와 아이가 함께 활동할수록 가족 관계는 강화되고 아이의 정서 발달에도 도움이 된다는 글을 읽었다. 가족들이 서로에게 소중함을 느끼고 상호작용을 통해 아이는 정서적 안정감을 갖는다고 한다. 요즘은 부모들이 육아휴직도 많이 하는 등 아이를 잘 챙긴다. 내가 어렸을 때만 해도 먹고살기 바빠서 부모님과 함께했던 기억이 많지 않다. 다만 내게는 유독 또렷한 기억으로 남아 있는 일이 하나 있다. 바로 아버지와 야구 경기를 관람한 일이다.
　초등학교 시절 나는 부산에서 가장 크다는 연산동, 그중에서 연산6동에 살았다(연산동은 9동까지 있다). 우리 가족은 오르막길 위 단층집에 세 들어 살았다. 그 집 옥상에 올라가면 사직구장이 멀리 조그맣게 보였다. 야간 경기를 하는 날에는 조명탑 불빛이 환하게 켜진 게 옥상에서 보였다. 함성이 크게 들리면 나는 롯데가 잘하고 있나 보다 생각했다. 환호하는 소리를 듣다 보면 '저곳에선 뭐가 저리도 신이 날까?' 어린 마음에 궁금함이 일었다. 그렇지만 야구장에 가서 경기를 본다는 건 우리 집 형편에 쉬운 일이 아니었다. 그러던

1987년 어느 봄날, 아버지가 초등학교 5학년인 나에게 야구 구경을 가자고 하셨다. 그것도 청보 핀토스와의 프로야구 개막전. 아버지가 어떻게 표를 구하셨는지 알 수는 없지만 야구장에 간다는 사실에 나는 꽤 설레고 흥분했다. 드디어 개막전 경기 날이 돌아왔고, 아버지와 함께 사직구장에 입장했다. 이날 경기장을 가득 메운 관중에 놀라고, 술에 취했는지 웃통을 벗고 그물망을 기어 올라가는 스파이더맨 아저씨를 보고도 놀랐다. 이렇게 모인 수많은 사람이 열광적으로 환호해서 우리 집까지 소리가 들렸었구나.

세월이 흘러 나도 한 아이의 아버지가 됐다. 내 어린 날의 아버지처럼 나도 아이를 데리고 야구장에 갈 일이 생겼다. 6월 14일은 ABO혈액형을 발견해 노벨상을 수상한 카를 란트슈타이너Karl Landsteiner 박사의 탄생일을 기념해 지정된 '세계헌혈자의날'이다. 혈액 사업을 하는 적십자에서는 5월 8일 세계적십자의날 못지않게 중요한 날이다. 이날에는 헌혈자를 예우하는 대규모 이벤트가 지역별로 진행된다. 2019년 6월, 내가 근무하던 충북혈액원에서는 청주야구장에서 열리는 한화 프로야구 경기에 맞춰 헌혈 이벤트를 준비했다. 다회 헌혈자 시구와 시타, 헌혈자 야구 관람 등 프로그램을 마련했는데, 참석 못 한다는 헌혈자가 생겨서 자리가 남았다.

"과장님. 저녁에 뭐하세요?" 후배가 다가와 말을 걸었다.

"아니 왜?"

"오늘 저녁에 저희 야구 프로모션 하잖아요, 못 온다는 사람들이 있어서 시간 되시면 아이랑 오셔도 돼요."

"그래? 일단 집에 전화해 보고."

가뜩이나 청주에선 프로야구 경기가 없는데, 멀리 가지 않아도 야구 경기를 볼 수 있다니 아이에게도 좋은 경험이 될 것 같았다. 아내에게는 모처럼 혼자만의 자유 시간을 보내라고 하고 다섯 살 딸아이와 둘이 가기로 했다. 퇴근하자마자 아이를 픽업해서 야구장에 갔다. 후배에게 티켓을 받고, 우리랑 다른 직원들 먹을 치킨도 몇 마리 샀다. 그렇게 한 손은 아이 손을 잡고 다른 한 손은 치킨을 들고 야구장에 기분 좋게 들어가 자리를 잡았다.

1회 말 경기가 한참 진행 중이었다. 앞뒤 직원들에게 치킨을 한 봉지씩 건네고, 본격적으로 치킨을 뜯으며 야구를 보려는 참이었다. 그런데 옆자리에 앉은 딸아이가 자꾸 내 옷을 잡아끌었다. 사람이 많은 곳이라 어색해서 그러겠지, 큰 소리가 적응이 안 돼서 그러겠지, 키가 작아서 선수들이 잘 안 보여서 그러겠지, 그래도 곧 괜찮아지겠지 생각했다. 그런데 아이는 계속 칭얼대며 나에게 매달렸다.

"아빠. 우리 집에 가자. 엄마 보고 싶다."

어이쿠. 머리가 띵해지는 순간이었다. 그래. 네가 원한다면 그걸 해야지. 그렇게 우리는 함성을 뒤로 하고 야구장을 빠져나왔다. 그때가 2회 초였다. 집으로 돌아가는 길, 아내에게 전화해 자초지종을 설명했다. 아내도 "아휴~ 그럼 그렇지. 빨리 밥부터 안쳐놓을게"라고 답했다.

그렇게 '추억'은 허망하게 끝이 났다. 이젠 초등학교에 다니는 딸아이에게 아빠랑 야구장에 갔던 거 생각나냐고 물었더니 "그때 많이 힘들었어"라고 답했다.

6월 14일은 매년 돌아온다. 그중에서 2022년 6월 14일 세계헌혈자의날은 남다른 의미가 있다. 혈액관리법이 개정되면서 처음으로 국가기념일로 지정됐기 때문이다. 당시 내가 근무하던 광주전남혈액원에서는 주말 프로야구 이벤트를 실시했다. 분명 헌혈자나 우리 직원 중에 나처럼 자녀를 야구장에 데려간 분이 있을 것이다. 그날만큼은 승패도 승패지만, 그분들에게 아름다운 추억으로 남는 하루가 됐기를 바랐다. 살면서 가장 중요한 사람은 가족이고, 쌓아야 할 추억은 가족과 함께하는 시간이니까.

스승의날의 유래

외할아버지는 소도시 초등학교 교사였다. 그는 내가 아는 최초의 선생님이었다. 내가 초등학교 6학년 때 정년퇴직하셨으니, 교직을 떠나신 지 어느덧 30년이 넘었다.

외할아버지가 어떤 선생님이셨는지 나는 잘 알지 못한다. 내가 어릴 적에는 외갓집인 안성과 멀리 떨어진 부산에서 살았고, 중학교 2학년 때 외할아버지 댁 곁으로 이사 갔지만 이미 퇴직하신 후였다. 다만 어머니께서 몇몇 제자들이 아직도 외할아버지를 찾아오고 있고, 스승의날이 되면 남편과 함께 서울서 내려오는 제자도 있다고 얘기해 주셔서 외할아버지가 제자들에게 스승으로서 좋은 영향을 주었고, 제자들과 좋은 관계를 유지하고 계시구나 하는 정도로 막연하게 생각할 뿐이었다.

중후한 인상에 건강하시던 외할아버지는 세월 앞에서 쇠약해지기 시작했다. 내 대학 졸업식에도, 외증손녀 백일잔치에도 지팡이를 짚고서 오셨는데, 2016년에 하필 고관절이 골절되는 부상을 입으셨다. 워낙 고령이라 수술을 받을 수 없다 보니 보행이 불가능했다.

그렇게 외할아버지는 더 이상 일어서지 못하고 요양병원에서 누워 지내셨다. 돌아다닐 수 있는 자유를 잃은 외할아버지는 4년여 기간을 그렇게 병상에서 보냈다.

가까이 사는 가족들이 때마다 외할아버지를 찾아가 뵈었다. 그러다 2020년 코로나가 전국으로 확산됐을 때 보호자를 포함한 모든 외부인의 방문이 차단됐다. 그해 설 연휴 뒤로 나도 몇 달간 외할아버지를 뵙지 못했다. 그사이 외할아버지의 건강이 급격히 나빠졌다. 급기야 외할아버지는 응급실로 옮겨졌고, 98세 나이로 스승의날을 나흘 앞두고 돌아가셨다.

요양병원에 계시는 동안에도 외할아버지를 방문했던 제자들은 조문객이 되어 외할아버지를 찾았다. 외할아버지의 연세만큼이나 그분들도 나이 많은 할아버지, 할머니 제자였다. 장례식장 입구에 놓인 "삼가 선생님의 명복을 빕니다"라고 적힌 근조화환을 바라보는데, 내 마음이 다 애잔했다.

나는 외할아버지가 선생님으로서는 어떤 분이셨을지 궁금했다. 그래서 외할아버지의 제자 분들께 직접 이야기를 들어보기로 했다. 마침 제자이면서 또한 같은 지역에서 선생님으로 퇴직한 어른이 장지까지 동행했다. 내 소개를 하고 "외할아버지는 어떤 선생님이셨나요?"라고 여쭤봤다. 86세이던 이분은 해방 직후 초등학교 5학년 6학년 때 외할아버지께 배웠다고 했다. 당시는 중학교에 가기 위해 시험을 쳐야 했는데 선생님이 방과 후에도 과외로 가르쳐주셨다며

"자상하고 열정적인 분이셨다"라고 말씀했다.

매년 외할아버지를 찾아왔다는 다른 제자분의 연락처를 받아서 전화했다. 외할아버지가 세 번 담임하셨는데, 엄마도 없고 아버지도 서울서 사업하느라 잘 안 나타나니 애처로워 자신을 잘 대해주셨다고 했다. 중학교에 진학하면서 서울로 갔지만 새로운 환경이 낯설어 다시 돌아가겠다고 아버지에게 여러 번 간청했는데, 이때 외할아버지가 "잘 참고 견뎌라, 적응 잘하거라"라며 편지를 다섯 통이나 보낸 사실도 말씀했다. 그렇게 인연이 되어 외할아버지의 퇴임식에도 참석하고, 40년 이상 아버지처럼 생각해 매년 방문했다고 한다. 그래서인지 그분은 외갓집 식구들과 집안 돌아가는 이야기에 대해서 모르는 게 없었다.

외할아버지에 대한 새로운 이야기들을 알게 되면서 나는 외할아버지의 인간미도 느끼면서 내 마음도 충만해졌다. 외할아버지는 선생님으로서 제자들과 함께 행복한 삶을 사셨다는 생각이 들었다. 직접 물어보지 않았다면 몰랐을 사실을 알게 되어 다행이었다. 그렇게 외할아버지 생전의 스승의날은 모두 끝이 났다.

사실, 스승의날은 적십자에서 유래했다. 충남 강경 지역 청소년적십자 단원들이 1958년부터 현직의 선생님과 병중에 있거나 퇴직한 선생님을 위문하는 봉사 활동에서 시작됐다. 1963년 청소년적십자 충남협의회는 '은사의날'을 9월 21일로 정하면서 충남권 모든 학교에서 사은 행사를 실시하도록 결의했다. 이듬해인 1964년 5월 개최된 제13차 중앙학생협의회에서는 '은사의날'을 '스승의 날'로 고치고 전국의 청소년적십자가 참여하는 스승의날 행사를 5월 26일에 개최하기로 의결했다. 그러다 1965년 세종대왕 탄신일인 5월 15일을 오늘날 우리가 알고 있는 스승의

스승의날을 맞아 선생님께 꽃을 달아드리는 모습(1960년대) ⓒ대한적십자사

날로 정하기로 했다. 1973년 스승의날은 정부 방침에 따른 사은 행사 규제로 폐지됐으나, 1982년 스승을 공경하는 풍토를 조성하기 위해 부활해 오늘날까지 이어지고 있다.✛

✛ 《사진으로 보는 한국청소년적십자 60년》, 대한적십자사, 2014, 57쪽.

노벨상 최다 수상자

매년 10월이면 세계의 이목이 북유럽 스칸디나비아에 있는 스웨덴과 노르웨이에 쏠린다. 노벨상이 발표되기 때문이다. 최근 한강 작가가 노벨문학상을 받아 화제가 됐지만, 그전까지 우리에겐 노벨평화상이 가장 친숙했다. 지난 2000년 김대중 대통령이 한국인으로는 최초로 노벨평화상을 수상해서다.

그런데 노벨평화상은 적십자와도 인연이 특별하다. 적십자는 노벨평화상 최다 수상 기록을 가지고 있다. 한 번도 수상하기 힘들다는 노벨평화상을 무려 네 번이나 수상했다.

먼저 1901년 적십자 창립을 주도한 장 앙리 뒤낭이 프랑스의 경제학자이자 평화운동가로 '세계평화연맹'을 설립한 프레데리크 파시 Frédéric Passy와 함께 제1회 노벨평화상을 수상했다. 부상당한 병사들의 고통을 덜어주고 국제사회의 이해를 창출하는 데 기여한 공이 크다는 게 선정 이유였다. 뒷이야기이지만, 노벨상 수상으로 앙리 뒤낭이 머무르던 스위스 북동부 국경의 작은 마을 하이덴의 우체국은 앙리 뒤낭에게 온 축하 서신으로 업무가 마비될 지경이었다고 한다. 한때 앙리 뒤낭이 몸담았지만, 앙리 뒤낭을 제명했던 제네바적십자사는 "당신은 40년 전에 전상자의 구휼을 위한 국제기구를 창설했으므로 당신 이상으로 이 영예를 받을 자격이 있는 이는 없습니다. 당신이 아니었다면 19세기에 있어 인도주의의 최고 성취인 적십자는 절대로 이룩될 수 없었을지 모릅니다"라는 성명을 남겨 앙리 뒤낭의 명예를 회복시켰다.✢

당시 하이덴 양로원에 있던 앙리 뒤낭은 고령으로 쇠약해서 오슬로까지 갈 수 없었다. 알프레드 노벨의 얼굴이 새겨진 메달과 상금은 후일 앙리 뒤낭에게 전달됐다고 한다. 앙리 뒤낭은 평화상을 받은 후에도 검소한 생활을 이어갔으며, 상금은 1910년 앙리 뒤낭이 사망할 때까지 그대로 유지됐다. 앙리 뒤낭은 유서로 자신을 도와주었던 많은 사람에게 약간의 돈을 남겼으며, 노벨평화상 상금과 나머지 재산을 스위스와 노르웨이의 인도주의 단체에 절반씩 기부해 달라고 요청했다. 실제 노르웨이 적십자사와 여성공중보건협회는 당시로서는 상당한 금액인 1만 5000크로네(200만 원 상당)를 받았다고 한다.✢✢

1917년에는 1차 세계대전에서 부상자, 전쟁 포로와 그 가족을 보살핀 노력으로 노벨평화상을 받았다. 1944년에는 2차 세계대전에

✢ 박경서·오영옥, 《우리 모두는 형제다》, 동아시아, 2019, 155~157쪽.

✢✢

서 펼친 인도주의 활동으로 국제적십자위원회ICRC가 노벨평화상을 재차 받았다. 적십자 창립 100주년인 1963년에는 국제적십자위원회와 국제적십자사연맹IFRC이 제네바협약의 원칙과 협력을 증진한 공로로 노벨평화상을 공동 수상했다.

노르웨이 저널리스트이자 노벨위원회 위원이었던 카를 함브로Carl Joachim Hambro는 1963년 노벨평화상 시상식에서 "올해는 적십자사 창립 100주년이 되는 해이기 때문에 국제적십자위원회와 국제적십자연맹 두 기관에 노벨평화상을 수여하기로 결정하는 것이 가장 적절합니다. 1863년에 적십자사를 구성하여 활동을 개시할 수 있었다는 것은 인류 역사상 가장 위대한 기적 중 하나입니다"라며 소감을 남겼다.✣

그렇다면 앞으로는 어떻게 될까? 아마도 적십자의 노벨상 수상 기록은 앞으로도 깨지지 않고 역사에 오래도록 길이 남을 것 같다.

✣

5·18 그리고 광주적십자병원

5·18민주화운동을 다룬 영화 〈택시운전사〉를 보는데 내 눈길을 사로잡는 장소가 나왔다. 바로 서울 택시운전사 김만섭(송강호 분)과 광주 택시운전사 황태술(유해진 분)이 처음 만난 광주적십자병원이다. 80년 5월이라는 역사적인 순간에 광주적십자병원이 큰 역할을 했다는 사실을 깨닫고는, 언제 광주에 갈 일이 생기면 이곳에 꼭 가봐야겠다고 마음먹었다. 그러다가 생각지도 않게 2021년 2월 광주에 있는 혈액원으로 발령이 났다. 어느 정도 적응을 마친 5월 중순, 때마침 5·18민주화운동 기념일도 다가오고 있어서 나는 옛 광주적십자병원 건물을 찾았다.

옛 광주적십자병원 건물은 펜스로 둘러져 안으로 들어갈 수 없었다. 인도에 세워진 표지석과 조형물을 통해서 이곳이 5·18민주화운동 사적지(제11호)임을 확인할 수 있었다. 찾아간 시각이 햇볕 쨍쨍한 한낮이라 너무 뜨거워 건물 앞에서 전경 사진만 몇 컷 찍고, 건물 뒤편 그늘진 골목으로 들어갔다. 거기서 영화에서 본 풍경을 만났다. 나는 영화에 나오는 광주적십자병원이 다른 장소라고 생각했는데, 실제 이곳에서 찍은 것이었다.

　광주적십자병원이 5·18민주화운동 당시 어떤 장소였을까. 병원 직원들은 어떤 활동을 했을까. 이 병원은 5·18 최후 항쟁지였던 옛 전라남도청과 직선거리 500미터 정도로 가까웠다. 그래서 전라남도청 앞 집단 발포 이후 수많은 사상자가 이 병원으로 실려 왔다. 《한국적십자운동 100년》에는 광주적십자병원 의사와 간호원 등 전원은 5월 20일부터 30일까지 10여 일간 부상자를 치료하고 밀려드는 헌혈자를 채혈하는 등 철야 근무를 했다고 기록되어 있다.✢

　다음 월요일, 사무실에 출근해 주말에 광주적십자병원을 다녀왔다고 얘기를 했더니, 공급팀장이 당시 광주적십자병원 검사실장과 광주전남혈액원 검사과장을 겸하셨던 김철부 실장님을 소개해 주었다.

　김 실장님은 당시 매혈이 기승이던 시기라 혈액원 원내 헌혈자가 하루 20명 내외 정도였는데, 5월 21일부터 22일에는 이틀간 400여 명, 5월 말까지 650여 명의 헌혈을 받았다고 했다. 피가 부족하다는 소식을 듣고는 시민뿐만 아니라 학생, 유흥업소 종사자까지 모두 팔을 걷고 헌혈에 동참했다고 한다. 김 실장님은 타지에 있는 터라, 광주에 내려오면 만나뵙고 이야기를 더 듣겠다고 하며 통화를 마쳤다. 그런데 몇 달 뒤 안타깝게도 김 실장님 부고 소식을 접

✢　《한국적십자운동 100년》, 대한적십자사, 2006, 346~348쪽.

했다. 김혜남 전 적십자교육원 교수가 쓴《솔페리노의 꿈》에 실린 〈1980년 5월〉이라는 글에서 그 당시 활동을 엿볼 수 있다.

> 광주민주화운동의 요람이라 할 수 있는 도청 광장은 적십자병원, 혈액원에 근접한 거리에 있기 때문에 사상자 숫자가 늘어가면서 적십자 직원들도 사태의 심각성을 간파하고 시가전을 방불케 하는 유탄의 위협을 무릅쓰고, 가두헌혈과 헌혈 동참 캠페인을 벌였던 것이다. 그때의 헌혈 행렬은 1000여 명에 이르렀고, 600명이 헌혈에 동참해 주어서 혈액이 남아돌아 헌혈 대기자들에게 돌아갈 것을 호소하는 감격적인 광경이 연출되기도 했다. (중략) 특히 적십자사에서 지원해 준 의료용 산소통 200개는 각 병원에 나누어져 사막의 오아시스 같은 역할을 했다고 한다. 한편 광주전남지사와 광주적십자병원은 10여 일 동안 철야근무에 들어갔다. 웬만한 병원들이 다 문을 닫았을 때 물리치료실과 복도까지 임시 베드를 놓고 밀려드는 부상자 치료에 나섰으며, 구호용 담요도 계속 지급했다.
>
> 혜남, 〈1980년 5월〉,《솔페리노의 꿈》, 하늘재, 2001, 209쪽.

적십자병원 직원들은 생명을 보호하는 인도주의 정신에 따라 하나가 되어 부상자를 구하는 의료 활동에 전념했다. 광주적십자병원이 오늘날 5·18민주화운동을 상징하는 대표적인 공간 중 하나로 자리 잡은 까닭이다.

그러나 우여곡절도 많았다. 광주적십자병원은 경영이 어려워져 1996년 4월 서남대학교에 인수되어 서남대병원으로 운영됐다. 하지만 서남대병원도 지난 2014년 폐쇄됐다. 서남학원이 병원 부지 공개 매각을 추진하자 5·18 관련 단체들이 사적지 훼손을 우려해 공공 매입을 계속 요구해 왔다. 다행히 2020년 광주시가 현 부지와 건물을 매입했고, 앞으로 원형을 보존해 역사교육 장소로 시민들에게 개방할 계획이라고 한다.

지난 역사를 돌아보면 적십자는 한국 근현대사와 함께 활동해 왔다. 일제강점기 때에도, 해방 시기에도, 한국전쟁 때도, 4·19 혁명 때도, 5·18 광주민주화운동 때도 그랬다. 글을 쓰면서 지난 역사 속의 적십자 활동을 조금 더 알 수 있었다. 또한 누군가를 돕는 일도 진정한 용기가 없다면 쉽게 할 수 없는 일임을 배웠다. 앞으로 광주적십자병원이 시민들에게 오래도록 기억되는 소중한 이름이자 의미 있는 공간으로 계속 자리하기를 바란다. 이곳이 역사교육 공간으로 재탄생하게 되면 그때 다시 광주적십자병원을 찾아야겠다.

달력 속 적십자 간호복을 입은 여자

2021년 8월 초였다. 직장 상사가 페이스북에 올린 사진 한 장이 내 눈길을 사로잡았다. 사진 속에는 태극기와 적십자기가 있고, 그 아래 대한적십자사 영문명 'KOREAN RED CROSS'가 쓰여 있으며, 간호사 복장을 한 여성이 정면을 응시하고 있었다. 여성의 왼편으로 필기체로 큼지막하게 쓴 글귀가 보였다. 차분히 읽어보니 결의가 가득 찬 비장한 내용이라 놀랍기도 하면서 마음이 무거웠다.

빗발것흔 탄환중에　　(빗발같은 탄환중에)
퀴신것치 단니면셔　　(귀신같이 다니면서)
압흔상쳐 ○민 쥬며　　(아픈상처 ○매주며)
슯흔령혼 외 로 훈나　　(슬픈영혼 위로한다)

그 사진은 대한적십자회 간호원(간호사의 전 용어) 양성소 교육 홍보를 위해 제작된 '1920년 1월 대한적십자회 기념 달력'이다. 대한간호협회가 광복절을 맞아 발간한 《독립운동가 간호사 74인》이라는 책[+]에 수록된 자료였다. 사진 속 주인공은 독립운동가 김원경 선생이다. 그는 왜 1920년 1월 적십자 간호복을 입고 달력의 모델이 됐을까. 나는 그걸 알아보기로 했다.

대한적십자사는 상병자를 구호하고 대한제국이 독립된 국가임을 대외적으로 알리기 위해 1905년 10월 27일 고종황제 칙령 제47조에 의해 설립됐다. 하지만 1905년 11월 을사조약으로 대한제국의 국운이 쇠퇴하여 대한적십자사는 창립 4년 만인 1909년 7월 일본에 의해 강제 병합되어 폐사되는 비운을 겪었다. 그러다 1919년 3월 1일에 독립만세운동이 전국적으로 일어난다. 그 직후인

독립운동가 김원경(1920년 1월). ⓒ대한적십자사

[+] 강영심,《독립운동가 간호사 74인》, 대한간호협회, 2021.

4월 13일 대한민국 임시정부가 중국 상해에서 조직되면서 대한적십자회로 부활했다. 임시정부를 수립한 민족 지도자들은 조국의 광복을 위해서는 일제와의 무력 투쟁이 불가피하다고 판단했다. 그래서 전상병 구호를 위한 독립군의 의료 보조 기관으로 적십자의 필요성을 절감했다. 이에 임시정부 내무총장인 도산 안창호와 의사 출신의 이희경(대한적십자회 초대 회장) 등이 중심이 되어 발기를 서둘러 1919년 8월 29일 대한적십자회 설립을 공포했다.

임시정부 대한적십자회 주요 사업은 중국, 한국, 미국, 러시아에 거주하는 한인들을 대상으로 적십자회비를 기부받아, 독립군 부상자 치료를 위한 적십자 간호원을 양성하고, 독립군과 그 가족의 생계를 돕고, 적십자병원을 세워 상해 거류 동포를 진료하는 일이었다. 동포들의 호응으로 1919년 9월에는 적십자회원이 720명(상해 회원 152명 포함)이 됐고, 11월에는 999명으로 늘었다. 이 중에는 대한적십자회를 도우려는 미국인, 영국인, 프랑스인도 포함되어 있었다.

1919년 11월 23일부터 12월 14일까지 병원 설립과 간호원 양성을 위한 공개적인 회원 모집 '대한적십자회원 대모집 경쟁회'가 개최됐다. 1등은 현영운, 2등은 김보연, 3등은 사진 속 주인공인 김원경 독립운동가가 차지했다. 당시 적십자회에서는 회원 모집을 원활하게 하기 위하여 임시정부 적십자회 표어가 담긴 달력과 배지를 만들어 동포들에게 배부했다. 즉, 1920년 달력 속에서 봤던 그 문구가 바로 임시정부 적십자회의 표어이고, 김원경 독립운동가가 달력

대한적십자회 간부와 1회 졸업 간호사들(1920년). ⓒ대한적십자사

속에 등장한 이유다.

　1920년 1월 적십자 회원수가 1946명(외국인 154명 포함)에 달하고 재정이 다소 견실해지면서, 1920년 1월 31일 상하이 대한적십자회 총무소에서 드디어 '적십자 간호원 양성소' 개학식이 열렸다. 이 개학식에 당시 임시정부 국무총리 이동휘, 내무부총장 이동령 등이 참석하여 적십자인의 노고를 치하했다. 이 총리는 치사에서 "특히 이번에 개설된 간호원 학교가 많은 간호원을 양성하여 독립전쟁 시에 유감이 없기를 바란다"라며 적십자인들이 맡은바 사명을 꾸준히 다하여 줄 것을 강조했다.

간호원 양성소의 수업 기간은 3개월이었고 매주 18시간의 수업을 받았다. 전시에는 의사가 부족한 것을 감안하여 간호원들에게도 간호학뿐만 아니라 의학 과목도 가르쳤다고 한다.

1기에 입소한 사람들은 모두 중등 이상의 교육을 받은 사람들로 남자가 세 명, 여자가 열 명이었다. 요즘 혈액원에도 남자 간호사가 조금씩 늘어나는 추세인데, 이미 100년 전에 간호원이 되기 위해 지원한 남성이 있었다. 독립운동과 적십자운동의 방편으로 참여한 게 아닐까 싶다.[+]

간호원 양성소 교수진은 김창세, 정영준, 곽병규, 김성겸 등 모두 세브란스연합의학교를 졸업한 의사들이 맡았다. 그러나 큰 기대를 안고 문을 연 간호원 양성소는 제1기생을 배출하고는 계속 이어가지 못했다. 2기 간호부 양성을 추진했으나 교육을 지속할 재정 상황이 못 됐을뿐더러 간호원 양성소 지원 학생 수도 기대에 못 미쳤다. 일부 교수마저 다른 지방으로 자리를 옮기면서 교육을 중단하고 말았다. 비록 간호원 양성은 중단됐지만, 적십자회 활동은 동포들을 돕는 구제회 활동으로 이어졌다.

적십자 간호복을 입은 여인에 대한 궁금증에서 시작하여 100년 전 역사적인 상황과 적십자 활동을 살펴보다 보니 마치 타임머신을 타고 시간의 선을 넘어 그때를 보고 돌아온 느낌이다. 여성의 사회

[+] 《한국적십자운동 100년》, 대한적십자사, 2006, 125~144쪽.

적 지위가 낮았던 100년 전에도 간호사가 있었다. 민족의식과 항일 정신 그리고 적십자 정신으로 목숨 걸고 독립운동에 주도적으로 뛰어든 여성들이 있었다.

'플로렌스 나이팅게일 기장'의 유래

《솔페리노의 회상》에는 낯선 유럽인들 이름 가운데 우리에게 잘 알려진 인물이 한 명 등장한다. 백의의 천사, 등불을 든 여인으로 잘 알려진 플로렌스 나이팅게일Florence Nightingale이다. 앙리 뒤낭은 크림전쟁(1853년 러시아와 오스만제국 동맹국 간에 일어난 전쟁) 중 야전병원에서 37명의 간호사와 함께 헌신적인 간호 활동을 펼친 나이팅게일의 업적을 책에 언급한다.

> 고난 속에 있는 인류를 향해 그녀가 쏟은 헌신적이며 뜨거운 사랑이 이룩한 모든 것을 우리는 잘 알고 있습니다. 이 밖에도 인류의 헌신적인 행동은 헤아릴 수 없이 많습니다. 단지 숨겨졌거나 잊히고 만 것이지요. 홀로 애썼거나 또는 동정심 어린 사람들에게서 단체적인 공감을 얻어내지 못했기 때문에 결실을 보지 못하고 끝난 것은 또 얼마나 많겠습니까?
>
> 앙리 뒤낭, 《휴머니타리안: 솔페리노의 회상》, 이소노미아, 163~164쪽.

또한 앙리 뒤낭은 1872년 9월 영국에서 진행된 강연에서도 청중들에게 "오늘날 국제적십자사가 있게 된 것은 모두 플로렌스 나이팅게일 덕분입니다. 크림전쟁에서 등불을 들고 부상병들을 간호하던 그 천사의 모습이 나로 하여금 솔페리노 전쟁터에서 적십자사를 만들어야겠다는 생각을 하게 해주었습니다"✢라며 나이팅게일이 자신에게 용기를 북돋아준 인물이었음을 강조했다. 이렇듯 현대 간호학의 기초를 수립하고 군 의료 개혁과 간호사 양성에 노력했으며 앙리 뒤낭의 역할 모델이기도 했던 나이팅게일은 수많은 사람의 존경을 받았다. 그의 정신을 기리기 위한 운동도 세계 곳곳에서 일어났다.

1893년 미국 디트로이트의 한 간호학교에서는 간호사의 윤리와 간호 원칙을 담은 '나이팅게일 선서'를 만들어 졸업식에서 처음으로 사용했다. 오늘날 의학도들이 '히포크라테스 선서'를 하는 것처럼, 간호학도들이 나이팅게일 선서를 하는 전통이 이때부터 시작됐다. 인도주의 단체인 국제적십자위원회에서는 나이팅게일이 상병자의 간호 개선을 위해 이룩한 업적을 기념하기 위해 간호 활동에 공헌한 사람들에게 수여하는 국제적인 상을 만들었다. 그 상이 바로 '플로렌스 나이팅게일 기장 The Florence Nightingale Medal'이다.

1907년 제8차 영국 국제적십자회의에서 헝가리적십자사가 간호

✢ 오영옥 편저, 《인도주의를 실천한 여성들》, 대한적십자사, 2020, 38쪽.

제1회 나이팅게일기장 전달식(1957년). ⓒ대한적십자사

활동에 업적이 있는 사람에게 메달을 수여할 수 있도록 플로렌스 나이팅게일 기금을 설치하자고 최초 제안했다. 1912년 제9차 워싱턴 국제적십자회의에서 정식으로 플로렌스 나이팅게일 기장이 채택됐다. 그러나 기장 수여식은 1919년 1차 세계대전이 종전될 때까지 하지 못하다가 나이팅게일 탄생 100주년인 1920년에 스위스 제네바에서 처음 거행됐다. 1928년 제13차 헤이그 국제적십자회의 때부터는 해마다 수여하던 것을 2년에 한 번씩 하는 것으로 바꾸었다. 1934년 제15차 동경 국제적십자회의 때는 간호사가 아니라도 간호사업이나 적십자 사업에 뛰어난 공적이 있는 사람이면 누구나 받을 수 있도록 규정이 개정됐다.

국제적십자위원회는 플로렌스 나이팅게일의 탄생일이자 국제간호사의날인 5월 12일에 수상자 명단을 발표한다. 나이팅게일 기장은 국가원수 또는 적십자사 회장이 직접 수여한다. 전 세계 간호사들에게는 최고의 영예 훈장으로 여겨진다.

제48회를 맞이한 지난 2021년 플로렌스 나이팅게일 기장은 전 세계 18개국 25명에게 돌아갔다. 한국 수상자로는 고흥군 소록도병원에서 한센인 환자를 43년간 간호하며 봉사했고, 감염병 기피 문화 개선에도 앞장섰던 오스트리아 출신 간호사 마리안느 슈퇴거 Marianne Stöger 수녀가 선정됐다. 한국 수상자로 외국인이 선정된 것은 1957년 첫 수상자를 배출한 이래 처음 있는 일이다.

2021년 10월 27일 대한적십자사 창립 116주년 기념식이 본사 서울사무소 앙리뒤낭홀에서 열렸다. 코로나 상황으로 오스트리아에 거주하는 마리안느 슈퇴거 간호사를 대신하여 대한간호협회에서 나이팅게일 기장을 대리 수상했다. 국경을 초월해 한평생 타국에서 어려운 한센인을 위해 봉사한 수상자의 이력을 보면서 이런 분들이 오늘날의 앙리 뒤낭이자 나이팅게일이지 않나 생각한다.✚

✚ '소록도 천사' 중 한 분인 마가렛 피사렉 수녀는 2023년 5월 29일 대퇴골 골절로 수술을 받던 중 88세 일기로 선종했다.

당신에게 흘러간 것

메말라 간다는 건 슬픈 일이다. 어느 날 나이가 든다는 건 촉촉함에서 건조함으로 흘러가는 과정 같다는 생각이 들었다. 말끔히 씻고 화장품까지 바른 내 피부보다 막 자다 일어난 딸아이의 피부가 훨씬 더 좋다. 그런데 어디 외모만 그럴까. 마음도 그렇다.

2018년 봄, 내 머리가 점점 굳어가고 내 마음이 말라가고 있는 것 같아서 한 달에 한 편씩 시를 외우기로 했다. 시에는 지친 마음을 토닥이는 뭔가가 있으니까. 처음부터 긴 시를 외울 자신이 없어서 아주 짧은 시로 시작했다. 반복해서 읊다 보니 외워지긴 했다. 그런데 외웠다고 생각하고 다른 시를 외우면 앞서 외운 시가 잘 기억나지 않았다. 조금만 게을러지면 '그게 뭐였더라?' 하면서 까먹었다.

외운 양이 고무줄처럼 늘었다 줄었다 반복하면서 마침내 시 한 편을 외우게 됐다. 바로 도종환 시인의 〈흔들리며 피는 꽃〉이다. 이 시는 세상일이 순조롭게 되는 경우가 없고 힘든 과정을 거치지만 조금씩 나아가다 보면 종국에는 결실을 맺게 됨을 말하는 것 같다. 마치 읽는 이에게 '다 그런 것이니 좌절하지 말고 힘내라'고 하는 것처럼.

적십자와 관련해서도 도종환 시인이 쓴 시가 하나 있다. 바로 혈액, 헌혈에 관한 헌시다. 2009년 나는 충북적십자사에서 회비홍보 업무를 담당했다. 이때는 회사에 그 어느 때보다 문화가 넘실대던 시기였다. 새로 부임한 회장님은 언론인 출신으로, 지역 문화예술포럼 대표를 맡으실 정도로 문화에 대한 조예가 깊고 문화계와도 관계가 넓었다. 그때 지사 홍보대사로 모신 분이 도종환 시인이었다.

2009년 5월 나는 특별한 기억을 하나 가지고 있다. 혈액관리본부 담당자로부터 한 통의 전화를 받았는데, 6.14 세계헌혈자의날을 맞이해 홍보대사인 도종환 시인에게 헌혈에 관한 시를 청탁해 기념식에서 헌혈자를 위한 헌시로 낭독했으면 좋겠다는 내용이었다. 도종환 시인께 연락드렸다. 한 달쯤 지나 메일로 한 편의 시를 받아 본부에 전달했다. 그 시가 바로 〈네게 흘러간 나의 피〉다. 나는 이 시를 적십자 가족 중에 가장 먼저 읽어보는 기쁨을 누렸다.

네게 흘러간 나의 피
도종환

내게서 흘러 나간 피가
목숨의 빈자리를 천천히 채우며
그의 핏줄 안에 차곡차곡 쌓일 때

내 피의 빈자리는 무엇으로 채워지고 있을까

내 안의 격정적인 피톨들이
꺼져가던 그의 심장의 박동을 일깨우고
기관차의 숨소리처럼 혈관을 밀어올리고 있을 때
내 피의 빈공간은 어떤 얼굴을 하고 있을까

네게 흘러 들어간
나의 피를 생각하는 저녁

내 가장 소중한 것을 주고도
오히려 기쁜 것을 사랑이라 한다면
피를 나누는 것보다 큰 사랑이 어디 있으랴

견딜 수 없는 것을 함께 견디고
가장 어려운 길을 함께 손잡고 가는 걸
사랑이라 한다면
피를 나누며 가는 길보다 큰 사랑 어디 있으랴

내 가장 소중한 생명의 한 방울 한 방울이
남의 목숨을 향해 걸어 나가는 것을

하느님이 보고 계셨다면
하느님도 당신의 가장 소중한 것을
내 피의 빈자리에 채워주시리라

노을의 복숭아빛은 하늘 가득 번지고
하늘 아래 꽃과 내가 아름답게 살아 있다는 것이
한없이 고마운 저녁

피를 나누는 것보다 큰 사랑이 어디 있으랴

시를 읽는다는 건 삭막한 세상에서 조금이나마 덜 메마르고 싶은 마음이 남아 있기 때문이다. 사랑과 봉사를 위한다는 조직에서 일하는 사람의 마음이 메말라 버리는 순간 내가 일하는 목적은 그저 한낱 돈을 벌러 온 것에 다름 아니게 된다. 적어도 내가 입사할 때 누군가에게 도움이 되겠다는 마음으로 일하겠다고 면접장에서 말했던 것처럼 살아가려면, 어찌 됐든 내 마음을 스스로 촉촉하게 돌볼 수밖에 없다. 근래 들어서는 그나마 외웠던 〈흔들리며 피는 꽃〉마저도 가물가물하다. 다시금 내 마음에 양분을 채워야 할 시간이 돌아왔나 보다.

적십자의 철학 그리고 일

자동차로 출퇴근하면서, 아침이나 저녁으로 운동하면서 도움되는 유튜브 방송을 찾아 듣는다. 2024년 8월의 어느 날 밤에 아파트 헬스장에서 운동할 때에도 이어폰을 꽂고 유튜브를 틀었다. 때마침 경제 방송 〈삼프로TV〉에 고명환 씨가 나왔다.✛

개그맨, 배우, 사업가이자 독서 전도사이기도 한 고명환 작가가 본인의 경험, 사업 솔루션, 독서 얘기를 들려주었다. 최진석 서강대 철학과 명예교수가 인간의 문명을 물건, 제도, 철학이라는 세 층으로 정의✛✛ 한 것을 거론하며 여기에 자신의 생각을 덧붙여 말하는데, 나도 모르게 솔깃하며 빠져들었다.

요약하자면, '물건과 제도와 철학 가운데 당신의 시선은 어디에 머무르고 있는가'였다. 예를 들어 물건을 파는 데만 시선이 머무르

✛ 〈죽기 직전에 이런 생각이 들더라구요 f.고명환 작가 [신과대화]〉, 〈삼프로TV〉, 2024. 8.

✛✛ 최진석,《최진석의 대한민국 읽기》, 북루덴스, 2021, 247~254쪽.

는 낮은 수준이 있고, 다음으로 시스템과 제도에까지 시선이 다다른 수준이 있고, 가장 높은 단계인 철학까지 담아서 파는 수준이 있다는 말이다. 나이키는 단순 스포츠 용품을 파는 게 아니라 'Just do it'이라는 철학을 파는 회사이고, 노티드 도넛은 도넛만을 파는 게 아니라 고객에게 행복을 팔아야겠다는 철학을 담았다는 거다.

러닝머신을 빠르게 걷던 나는 이 얘기를 들으면서 정신이 번쩍 들었다. 왜냐하면 '철학, 이거 딱 우리 회사 이야기하는 거잖아' 하는 생각이 들었기 때문이다.

2023년 기준 전 세계 191개국에서 53만 1000명의 직원과 1억 5600만 명의 자원봉사자가 활동하고, 국내만 해도 4300여 직원과 11만 1000명의 봉사원, 254만 명의 헌혈자가 참여하는 적십자는 과연 어떤 철학으로 일하는 회사일까? 바로 '인간의 생명과 건강을 보호하고 고통을 덜어주고 예방하기 위해' 존재하는 인도주의 기관이다. 적십자의 철학과 대한적십자사가 하는 일이 어떤 관계가 있을까.

첫째, 적십자사는 구호 사업과 사회봉사 사업을 한다. 적십자는 전쟁터에서 부상자를 차별 없이 돕겠다는 열망에서 태어났지만, 우리를 위협하는 것은 비단 전쟁만이 아니다. 기후변화와 사회 환경의 변화로 인한 재난도 있다. 그래서 평상시 재난 예방과 대비 능력을 강화하기 위해 준비한다. 적십자는 왜 이런 일을 할까? 구호 활동이 인간의 생명·고통과 관계된 일이기 때문이다. 그러면 누가 이런 일을 할 수 있을까? 훈련된 자원봉사자가 잘할 수 있다. 그래서 전국 각 지역에 조직을 갖추고 봉사회를 조직하여 봉사원을 교육하고 활동을 지원한다. 봉사자들은 평시에는 어려운 지역민을 돕는 봉사 활동을 한다.

인제군에서 구호 활동 중인 적십자 봉사자들.
ⓒ대한적십자사

둘째, 적십자사는 안전 지식을 보급한다. 응급처치법과 수상안전법. 응급처치법은 언제 어디서나 불의의 사고를 당했을 때 의사에게 운송되어 치료받기 전 초기 단계에서 생명을 보호하는 활동이다. 우리나라는 1948년 3월 조선적십자사 시절 당시 미국적십자사〈응급처치법 교육자료 American Red Cross First Aid Textbook〉를 번역하여 이를 교재로 응급처치법을 보급했다. 국내 응급처치법의 효시다. 또 해마다 여름철이면 물놀이 사고로 생명을 잃는 일이 빈번하게 일어나기 때문에 수상 사고 예방에 각별한 관심을 둔다. 1953년 4월 8일부터 10일까지 당시 미국적십자사 극동지구 안전과장 코론Colon을 초청해 수영연맹회원과 대학생 등 30명에게 국내 최초로 수상안전법 강사 강습회를 진행했다. 지금도 여전히 적십자는 응급처치법, 심폐소생술, 수상안전법 교육을 활발하게 한다. 이 모두가 국민의 생명과 안전을 지키는 교육이기 때문이다.

셋째, 적십자사는 혈액 사업을 한다. 안전한 혈액을 안정적·효율

조선적십자사 응급구호법 책자(1948년)와 전국 수영장에 배치할 인명구조 요원 강습회(1964년). ⓒ대한적십자사

적으로 공급하여 환자의 생명을 살리기 위해 노력한다. 혈액을 외국에서 수입하지 않고 자급자족하기 위해서는 헌혈자 300만 명이 필요하다. 수혈이 필요한 환자들의 건강과 생명을 보호할 수 있는 혈액제제(혈액을 성분별로 분리하여 혈액을 원료로 제조한 의약품)는 오직 헌혈을 통해서만 구할 수 있다. 1958년 1월 국립혈액원을 인수해 대한적십자사 혈액원으로 개칭하며 혈액 사업을 이어온 이래로 적십자는 국내 혈액 사업을 크게 발전시켜 왔다. 혈액 사업은 오늘날 적십자를 대표하는 사업으로 국민들 마음속에 자리매김했다. 이 또한 인간의 생명을 보호하고 고통을 줄이는 일이다.

넷째, 적십자사는 공공의료 사업으로 병원 사업을 한다. 대한적십자사는 1905년 병원 사업으로 시작했다. 적십자병원은 해방 이후 우리나라 공공의료 발전에 중추적 역할을 했다. 특히 서대문 서울

적십자병원은 우리나라 최초 전공의 수련 병원이라는 자랑스러운 역사도 가지고 있다. 1980년대 국민의료보험이 시행되기 이전에는 취약계층의 의료 공백을 메우며 전국에 걸쳐 병원을 열세 개까지 운영했다. 현재는 서울, 인천, 상주, 거창, 통영, 영주 등 여섯 도시에서 의료 사각지대에 놓

한국 청소년적십자 운동의 첫 시작인 1953년 4월의 식목 활동 ⓒ대한적십자사

인 취약계층의 건강 증진을 돕기 위해 일곱 개 공공병원을 운영한다. 의료 사업은 인간의 생명을 보호하고 고통을 줄이는 대표적 활동이다.

다섯째, 청소년적십자 사업을 한다. 인간의 존엄성을 높이고 생명을 살리며 고통받는 이들을 돕는 적십자의 정신이 곧 인도주의다. 미래 사회의 주인공인 청소년들이 인도주의 정신을 배우고 이를 통해 올바르게 성장할 수 있도록 돕는다. 한국전쟁 중인 1953년 4월 5일 부산 암남동 뒷산에 1만 그루 나무를 심는 활동을 하면서 단원 200명으로 시작된 청소년적십자는 그사이 수많은 단원과 지도자가 거쳐 갔다. 2024년 기준 전국 15만 3535명의 단원이 활동하고 있다. 안전교육 습득, 봉사 활동 실천, 국제 교류, 인도주의 학습 등 가슴 따뜻한 리더로 성장할 수 있도록 지원하는 사업을 한다.

마지막으로 전쟁으로 헤어진 가족들을 찾아주는 이산가족 사업 등 남북교류 사업, 국제 긴급구호와 재건복구, 해외개발협력 등 국제 활동, 원폭 피해자·사할린 동포 지원 등도 대한적십자사가 하는 일이다. 게다가 '희망풍차'라는 이름으로 아동청소년, 고령자, 이주민 등 복지 사각지대에 놓여 있는 위기 가정 2만여 세대를 지원하는 일도 한다.

　적십자가 이처럼 다양하게 하는 일에는 과거부터 현재까지 줄곧 이어져 온 일도 있고, 시대의 요구에 따라 만들어졌다가 축소되고 사라진 일도 있다. 결국 그 시대의 생명과 안전과 관련된 문제가 적십자가 중요하게 다루는 일이기 때문이다.

　혹자들은 적십자가 무슨 일을 하는지 잘 모르겠다고 말한다. 그럴 수 있다. 그럼에도 적십자는 전국적인 그리고 전 세계적인 시스템을 갖추고 구호, 봉사, 헌혈, 의료, 안전 지식 보급 등으로 여러분 가까이에서 계속 활동한다. 앙리 뒤낭이라는 한 사람의 간절한 희망에서 시작된 일이 이렇게 커다란 운동체로 100년 넘게 살아서 움직이고 있다니 신기하고 놀라울 따름이다. 이 모두가 철학과 정신이 바탕이 되었기에 가능한 일이다.

2
멈춰서는
안 되는 일들

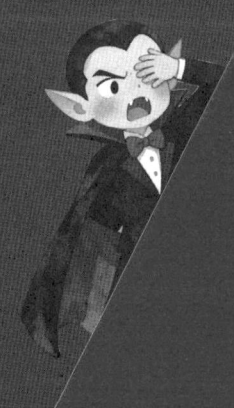

1월에는 아파트에 자주 간다

겨울방학이 시작됐다. 혈액 부족을 걱정해야 할 시기가 다시 돌아왔다. 학생들이 방학에 들어갔으니 2월 말까지 고등학교나 대학교에 단체 헌혈을 갈 수 없다. 동절기 그 빈자리를 어느 곳으로 채워야 할지가 헌혈개발팀의 고민이다. 직원들이 군부대, 행정기관, 일반 단체에 전화를 걸고 방문하면서 일정을 잡고는 있지만 부족하다. 그러던 차에 한 직원이 아파트 헌혈을 여러 곳 섭외해 왔다. 아파트 헌혈은 타 단체와 달리 사전에 희망자를 파악할 수 없어 예측이 안 된다. 잘될 때도 있고, 안될 때도 많다.

2023년 1월 6일 아파트 출장은 내가 인솔을 맡았다. 내가 갈 곳은 혈액원에서 30분 정도 떨어진 공단 지역 아파트였다. 2500세대로 단일 아파트로는 충청북도 내에서 가장 큰 규모다. '100세대당 1명씩만 헌혈해 주면 딱 좋으련만.' 아침부터 머릿속으로 희망회로를 돌렸다. 사무실에서 준비물을 챙기고 있는데 동료 직원이 "일단 차 시동부터 먼저 켜놓으셔야 해요"라고 말했다. 겨울철 업무 요령이다. 영하의 날씨라 밤사이 차가 꽁꽁 얼어 있고 성에가 두껍게 덮

헌혈 버스. 버스 창에 "Saving Lives, 적십자는 생명입니다."라고 적혀 있다. ⓒ대한적십자사

여 있다. 주차장에 내려가 차 시동을 켜고 히터를 최고로 높였다. 오히려 차 밖이 덜 추웠다. 15분 정도 켜놓으니 차창 유리에 붙은 성에가 걷히면서 운전할 수 있을 정도가 됐다. 내가 먼저 출발하고, 헌혈 버스 한 대가 뒤따랐다.

아파트 입구에 도착했다. 차단기 옆 호출 버튼을 누르고 "혈액원에서 왔습니다"라고 말하니 차단기가 올라갔다. 내 차는 통과할 수 있지만 버스가 지나기에는 폭이 좁았다. 경비원이 나와 바닥에 고정해 둔 볼라드 하나를 뽑았다. 그제야 버스도 출입구를 지날 수 있었다. 저속으로 아파트 안을 돌아 지정된 주차공간 가까이에 갔다. 그런데 버스 주차할 자리에 애매하게 자가용이 세워져 있었다.

차에 있는 번호로 연락하니 "문자메시지로 보내주세요"라고 답신이 왔다. 버스 주차 때문에 이동 주차를 요청한다고 문자를 보내니, "20분만 기다려 주실 수 있나요?"라고 메시지가 왔다. 이대로 기다리면 더 늦는다. 그래서 다른 자리 차주에게 연락했다. 다행히 집에 있는 차주가 바로 내려와 차를 뺐다. 헌혈 버스가 정상 주차된 것을 확인하고 나는 관리사무소로 향했다.

관리사무소에서 소장님을 만났다. 감사 인사를 드리고 진행 과정을 간략히 설명했다. 홍보 포스터는 며칠 전부터 이미 엘리베이터에 부착해 놓은 상태라서 추가로 안내 방송을 요청했다. 소장님은 방송은 좀 어렵다고 했다. 공단과 가까운 지역이라 밤 근무 후 잠들었거나 오후나 밤 근무를 위해 휴식하는 주민이 많아 안내 방송을 하면 민원이 많이 들어온다고 했다. 안내 방송이 나가면 효과가 분명 있을 텐데 안타까웠다. 나는 주민들이 안내문을 많이 보셨기를 바라며 버스에서 헌혈자를 기다리기 시작했다.

헌혈은 하염없는 기다림이다. 헌혈 차량에서는 좀처럼 예약이 없다. 매일 이동하며 헌혈하기 때문에 주로 현장 접수로만 진행된다. 오늘은 언제쯤 헌혈을 개시할 수 있을까? 20분쯤 지났을 때 첫 희망자가 헌혈 버스를 찾았다. 그렇다고 해서 모두 헌혈이 가능한 건 아니다. 간호사에게 건강 상태를 문진받고 이상이 없어야만 헌혈을 할 수 있다. 이날도 아침부터 부적격이 계속 나왔다. 야간 근무를 마치고 잠을 많이 못 자고 오신 분, 어린아이 손을 잡고 힘겹게 나왔는데 헤모글로빈 수치가 기준치보다 낮은 분, 혈압이 계속 안 떨어지는 분, 최근 한 달 이내 해외여행을 다녀온 분 등 문진실에서 채혈실로 가지 못하고 옷을 주섬주섬 챙겨 되돌아가는 분들을 볼 때마다 내 마음이 쓰렸다.

마감 시간은 오후 4시까지. 얼추 2시 30분이 다 되어가는데도 헌혈자 열 명을 채우지 못했다. 이제 남은 시간은 1시간 30분. 관리소장님이 안내 방송은 어렵다고 했지만 답답한 마음에 한 번 더 부탁했다. 관리소장님도 거듭 안타깝지만 해줄 수 없어 미안하다고 했다. 그 대신 관리소장님이 직접 헌혈에 참여했다. 이후에 몇 명이 더 와서 가까스로 두 자릿수 헌혈자를 채우고 마무리했다.

바다에서 물고기 가득한 배를 몰고 귀항하는 게 어부의 로망이라면, 헌혈처에 나가 헌혈을 많이 받고 귀원하는 게 혈액원 헌혈개발팀의 로망이다. 특히 동절기에는 더더욱. 하지만 언제나 그렇듯 현실은 내 맘대로 되지 않는다. 그래도 참여해 주는 분들이 있어 다행이다. 내일은 오늘보다 낫겠지!

원 플러스 원과 긴급재난문자

다들 알다시피, '원 플러스 원(1+1)'은 하나를 사면 하나를 더 준다는 뜻이다. 어떤 건 묶음으로 사는 게 낱개로 사는 것보다 이득이다. 알면서도 나는 원 플러스 원 상품을 그다지 선호하진 않는다. 원 플러스 원은 묘하게 내 마음을 부추기지만, 욕심내서 샀다가 후회한 경험이 몇 번 있어 나는 가급적 필요한 만큼만 사서 쓴다.

원 플러스 원이라는 용어는 혈액원에서도 자주 쓴다. 헌혈하면 기존 기념품에 추가로 기념품을 하나 더 제공하는 프로모션을 의미한다. 혈액원에 근무하기 전에는 '왜 이렇게 원 플러스 원 이벤트를 자주 하지?'라고 막연하게 생각했다. 안 그래도 헌혈자들이 알아서 잘 참여해 주지 않나? 그런데 막상 혈액원에서 근무하면서 생각이 바뀌었다. 수급은 좋을 때보다 안 좋을 때가 많았다. 이때 원 플러스 원 이벤트는 단기에 헌혈량을 증가시키는 효과가 크다는 사실을 알았다. 원 플러스 원 이벤트가 때로는 즉효약인 셈이다.

그런데 만일 원 플러스 원 프로모션마저도 안 통하는 상황이 생기면 어떻게 해야 할까? 특수한 상황이지만 실제 그런 상황이 발생하기도 했다.

 2022년도는 연초부터 혈액 상황이 계속 나빴다. '코로나' 탓이었다. 당시 코로나에 확진되면 완치 후 4주간 헌혈에 참여할 수 없었다. 지금은 코로나19 백신 접종일로부터 7일간 헌혈 참여가 금지되고, 코로나19 확진 시 격리해제(완치) 후 10일이 경과하면 헌혈을 할 수 있다. 그런데 감염 속도가 빠른 오미크론이 전국으로 순식간에 확산돼 한 달여간 국민 1000만 명이 코로나에 감염됐다. 헌혈은 만 16세부터 69세까지만 가능한데, 헌혈이 가능한 인구의 대략 30퍼센트가량이 헌혈을 하고 싶어도 할 수 없는 상황에 놓인 것이다.

 당시 내가 근무하던 광주광역시도 마찬가지였다. 헌혈이 안 되니 다시 원 플러스 원 이벤트에 돌입했지만 상황을 회복시킬 정도의 효과는 없었다. 헌혈이 안 돼도 응급수술은 생기고 아픈 환자는 발생한다. 의료 기관에서는 혈액을 계속 요청하지만, 들어오는 혈액이 상대적으로 적다 보니 혈액원에서는 병원에 제한적으로 출고할 수밖에 없었다.

 회사에서는 자체 방안을 강구했다. 자치단체를 방문해 혈액 상황을 알리고 행정 협조를 구했다. 직원과 봉사원은 거리로 나가 캠페인을 했다. 방송사에는 헌혈 참여 홍보를 요청했다. 주기가 돌아온 직원은 헌혈에 동참했다. 때마침 나도 8주가 지나 헌혈했다. 주변 가족이나 지인들에게도 헌혈을 요청했다. 여동생이 광주로 출장을 왔다가 내 얘기를 듣고는 광주송정역 헌혈센터에서 헌혈하고 올라

간다며, "45회차 100번 채우기로 다시 결심"이라는 고마운 메시지를 보내오기도 했다.

혈액이 부족한 것도 국가적 재난이다. 2022년 4월 14일 보건복지부에서 광주 지역만 한정하여 헌혈 참여 긴급재난문자를 발송했다. 적시에 날아든 재난문자는 효과가 컸다. 문자 발송일 하루 헌혈량이 평소보다 30퍼센트 이상 증가했다. 마음이 지척이면 천 리라도 지척이라 했다. 문자 한 통을 받고 헌혈자들이 시간을 내어 헌혈차량이나 센터를 방문했다. 어려운 일이 있을 때마다 나타나서 돕는 사람이 히어로라면, 이들은 생명나눔 히어로다. 헌혈 흐름이 다소 좋아져 혈액보유량은 주의 단계인 3일치까지 올라갔다.

그러나 긴급재난문자의 효과도 오래가지 않았다. 안정을 찾다가도 또다시 원 플러스 원 이벤트를 고민하는 시기를 맞이했다. 엔데믹 이후 코로나로 인한 어려움은 줄었지만, 혈액 부족 걱정마저 사라진 건 아니다. 원 플러스 원은 여전히 자주 등장한다.

사람에게는 보상을 바라는 마음이 있다. 헌혈했을 때 받는 기념품이 헌혈하는 가치에 비해 크진 않더라도 그것도 하나의 보상이자 답례가 될 수 있다. 매혈의 시대를 끝내고 자발적인 헌혈의 시대를 열었다고 우리는 자부심을 가지고 말하지만, 이벤트를 하지 않는 평일에는 헌혈자가 적고 원 플러스 원 이벤트를 하는 주말에 사람들이 몰리는 현상을 볼 때마다 수급은 당장의 현실이고 문화는 머나먼 미래가 아닐까 절감한다.

최근에는 민간 혈액원과 경쟁 관계가 되어 헌혈처가 겹치면서 상대의 이벤트에 관심을 안 가질 수가 없다. 사람들이 기념품을 하나라도 더 주는 쪽의 손을 들어주게 되면, 결국 서로 시장을 잃지 않기 위해 기념품을 높여 제공하는 쪽으로 기관들은 고민하게 되지 않을까. 그렇게라도 해서 혈액 수급 문제가 해결되면 좋으련만, 정작 혈액 수급 부족 문제는 회전목마처럼 주기만 되면 다시 돌아온다. 그런 걸 보면 이것도 만병통치약은 되지 못하나 보다. 그냥 헌혈자 한 명이 또 다른 한 명을 데리고 헌혈에 참여하는 원 플러스 원 정도가 되어야 해결되지 않을까.

사람이 하는 일

헌혈에는 항상 변수가 많다. 사람이 하는 일이기 때문이다. 이런 변수는 당일 헌혈을 할 수 없는 상황까지도 만든다.

군부대 출장을 가려고 준비를 다 해놨는데 새벽에 북한이 미사일을 쐈다. 군부대에는 당연히 비상이 걸리는데 하필 그날 가기로 한 부대가 미사일 관련 부대였다. 헌혈을 할 수 없다는 통보를 아침 출발 전에 받았다. 고등학교 출장을 가려고 준비를 해놨는데 전날 귀가하던 재학생이 교통사고로 사망하는 안타까운 사고가 발생했다. 애도 분위기라 헌혈은 어렵다며 출발 2시간 전에 연락이 왔다. 출장길에 헌혈 버스가 다른 차량과 충돌하는 교통사고가 발생했다. 차량 수리를 마칠 때까지 출장을 나갈 수 없어 예정된 출장을 취소하는 사례도 있다.

이 밖에도 여름 장마철에 비가 너무 많이 내린다던가, 한낮에 날씨가 너무 뜨겁다던가, 겨울철에 눈이 너무 많이 내리는 등 기상 변화도 헌혈에 영향을 준다.

외적인 변수만 있는 게 아니다. 헌혈자의 몸 상태도 변수다. 혈액은 동일한 원재료를 가지고 기계에 넣어 찍어내듯 만들어내는 제품이 아니다. 멀쩡하던 혈압도 헌혈 버스에 올라가면 기준치보다 높아지는 경우를 더러 본다. 각기 다른 조건을 가진 사람이 그날그날의 컨디션과 최근에 행한 일과 먹은 음식에 따라 헌혈이 가능할 수도, 불가능할 수도 있다. 그래서 헌혈은 당초 예정 인원과 실제 헌혈 인원을 정확히 맞추기가 어렵다. 가급적 계획에 가깝게 헌혈을 마치려고 하지만 어떤 날은 현장 상황에 따라 예정보다 부족하고, 어떤 날은 인원을 넘기는 일이 발생한다.

2023년 7월 7일, 나는 청주의 한 여고로 출장 인솔을 나갔다. 여고는 변수가 많은 곳이다. 희망자가 많아도 중간 문진 과정에서 탈락하는 친구들이 많아서 어느 정도 기대를 내려놓고 가야 한다.

"팀장님, 학교 가면 아이들한테 생리 중인지 물어보실 수 있겠어요?"

"물어볼 수는 있지만 아무래도 조심스럽기는 하지."

아침 8시 출장을 떠나기 전 부서 직원과 대화를 주고받았다. 이것도 헌혈 현장에서 챙겨야 할 일의 일부이니 담당자의 말을 귀담아들어야 한다. 헌혈 현장에는 인솔자가 꼭 따라간다. 군부대는 이왕이면 군대를 다녀온 직원이 가고, 고등학교나 대학교는 젊은 직원이 가고, 여학교는 여직원이 가면 대화도 잘 통하고 현장에서 대처하기가 수월하다.

그런데 같은 날 동시에 여고 두 곳에 헌혈 일정이 잡혔고, 고교 담당자는 그 여직원 혼자다. 이것도 변수라면 변수다. 헌혈자가 많지 않으면 학생들을 버스 위로 올려보내 간호사들이 순서대로 문진하면 그만이겠지만, 이날처럼 190명이나 되는 신청자를 업무 시간 내에 마치기 위해서는 내가 접수 창구에서 일차적으로 걸러줘야 하기에 주의 사항을 꼼꼼히 알려야 한다.

헌혈에는 두 종류가 있다. 전혈 헌혈과 성분 헌혈이다. 전혈 헌혈은 혈액의 모든 성분(적혈구, 백혈구, 혈장, 혈소판 등)을 한 번에 헌혈하는 방식으로 헌혈 버스에서는 전혈 헌혈을 한다. 성분 헌혈은 혈액 성분 채집기를 이용하여 혈액의 필요한 성분만 헌혈하고 나머지 성분은 헌혈자에게 되돌려주는 방식이다. 헤모글로빈 수치가 전혈 헌혈에서는 12.5mg/dL, 성분 헌혈에서는 12.0mg/dL이어야 가능하다.

평상시에도 그럴진대 월경할 때는 혈색소 수치가 떨어지기 때문에 몸 상태가 안 좋은 학생을 무리하게 헌혈하게 해서는 안 된다. 고교 담당 직원은 자기 자리에 앉아 컴퓨터로 주의 사항을 타닥타닥 치더니 곧이어 프린터로 뽑아주며 "그냥 애들한테 헌혈하기 전에 꼭 읽어보라고 시키세요"라고 말하고는 사무실을 먼저 떠났다.

그렇게 여고 헌혈의 날이 시작됐다. 나는 헌혈 버스가 도착하기 전에 학교에 미리 도착해 보건 담당 선생님을 만나고, 교장 선생님께 인사하고, 학교로 진입하는 헌혈 버스 세 대 주차 자리를 안내했다. 현관에 테이블을 깔아 접수 창구를 마련하고 보건 선생님께 학생들을 불러달라고 요청했다. 2학년 학생들부터 현관에 우르르 내려왔다. 학생들이 신상명세서를 작성하고 내 테이블로 자리를 옮겨 오면 나는 학생들에게 건강 주의 사항을 읽어보라고 말하고 이상 없으면 패드로 전자문진을 시켰다. 중간중간 학생들의 질문이 계속 날아왔다. 나를 '선생님'이라고 부르면서.

"선생님, 어젯밤에 항생제 먹었는데 헌혈 안 돼요?"

"선생님, 아침 안 먹었는데 어떡해요?"

"선생님, 피어싱했는데 어떡해요?"

"선생님, 2시 넘어 잠을 잤는데 헌혈 못 해요?"

'안 되면 되게 하라'가 어느 특수부대에 쓰여 있는 문구라면, 헌혈에선 넘어갈 수 있는 가벼운 정도를 제외하곤 안 되는 건 안 되는 거다. 그날도 안 되는 경우를 제외하고는 학생들 모두 버스로 올라갔다. 그런데 조금 지나니 버스에서 일찍 내려와 교실로 되돌아가는 학생들이 보였다. 팔에 밴드가 붙어 있지 않은 것으로 보아 딱히 물어보지 않아도 알겠다. 아이들은 부끄러운 듯 앞만 보고 스쳐 지나가지만, 그럴 일은 아니다. 눈이 마주치면 나는 학생들에게 "고맙습니다, 감사합니다"라고 인사했다.

점심시간 무렵이 되니 비가 내리기 시작했다. 오후 수업 시간에는 빗발이 거세졌다. 3학년 학생들을 모두 헌혈 버스에 올려보내고 마지막으로 1학년이 내려왔다. 아이들이 줄을 선 채 이야기를 하는데 난생처음 헌혈하는 아이들이 긴장하는 기색도 없이 오히려 목소리가 너무 활기찼다. 교장실이 바로 옆이기도 해 소란스러우면 안 될 것 같아서 학생들에게 다가갔다. "헌혈이 즐거워서 이렇게 목소리가 큰 거예요?" 내가 장난스럽게 물었다. 아이들은 "그거 아닌데요"라면서 조금 목소리를 낮췄다.

그 사이 비는 마구 쏟아져 이제 우산이 없으면 안 될 지경이 됐다. 학생들이 드문드문해졌을 때 나는 우산을 두 개 들어 현관에서 버스로 가는 학생들에게 씌워주고, 헌혈을 마친 학생들을 현관까지 다시 씌워줬다. 그렇게 오후 4시경 일과를 모두 마쳤다. 결과는 예상대로 3분의 2는 헌혈하고, 3분의 1은 되돌아갔다. 그래도 스스로 자원해서 찾아온 학생들이 얼마나 대견한가.

이날 현장에서도 사소한 변수들이 있었지만 잘 대처하고 넘어갔다. 헌혈 인원이 예정보다 상회한 것도 잘된 일이지만 무엇보다 안전하게 끝난 게 다행스러웠다. 좋은 일 하러 왔다가 혹여나 몸이라도 상하면 얼마나 속상한 일인가. 세상에 거저 들어오는 것은 없다. 고민하면서 움직여야 차질 없이 일을 마칠 수 있다.

비가 억수같이 내리는 가운데 학교를 빠져나가는 버스를 일방로 골목길에서 큰길까지 모두 내보냈다. 내 구두는 물론 양말도 축축하게 젖었다.

헌혈이 더 필요한 이유

사무실에 1등으로 출근했다. 백팩을 책상 옆에 내려놓고 커피포트에 물을 끓인 뒤 믹스커피를 탔다. 아침에 먹는 믹스커피 한잔은 정말 달콤하다. 이걸 마셔야 멍한 정신도 깨고 하루를 시작하는 기분이 든다. 옥상 테라스로 나가 앞산을 바라보며 커피를 마시다가 주머니에서 휴대폰을 꺼냈다. 혈액 재고량을 확인하기 위해서였다. 혈액원에 근무하게 되면서, 직책을 맡으면서 혈액 재고량에 부쩍 신경을 쓰게 된다. 화면이 열리는 동안 빠르게 생각한다. 밤사이 올랐을까, 내렸을까? 잠시 마음을 졸이는 순간이다. 재고량이 올랐으면 다행스러우면서 안심이 되고 내렸으면 초조해지고 걱정이 된다. 변동되는 그래프에 희열과 긴장이 오고 가다니. 마음이란 게 참 간사하다.

아침마다 현황을 살펴보다 보니 학창 시절 사회 과목 시간에 배웠던 '수요와 공급의 법칙'이 자주 떠오른다. 수요와 공급이 일치되는 지점에서 가격과 균형 거래량이 결정된다는 법칙. 혈액에서도 이 법칙이 예외 없이 적용된다는 사실을 새삼 확인한다.

헌혈은 건강한 사람이 자유의사에 따라 자신의 혈액을 기증하는 행위다. 그런데 혈액은 장기간 보관이 불가능하다. 적혈구는 채혈 후 35일, 혈소판은 채혈 후 5일까지 유효하다. 그래서 혈액원은 의료 기관에 수혈용 혈액을 안정적으로 공급하기 위해 혈액제제별, 혈액형별 적정 재고를 유지한다.

적정 재고 기준은 과거 일정 기간의 혈액 공급 실적과 공급증가율, 변동 요인 등을 분석해 설정된다. 적혈구제제 기준으로 5일분(2025년 기준 1일 소요량 5027unit)이 적정 보유량이다. 5일분이 유지되려면 전국에서 대략 하루 5000여 명 이상이 헌혈에 참여해야 한다. 자발적으로 헌혈하는 국민이 하루에 5000여 명이나 된다는 사실이 놀랍고 감사하다.

매일 헌혈이 적정하다면야 무슨 문제가 있을까. 하지만 병원에서 요구하는 혈액량보다 헌혈량이 적다면, 즉 수요와 공급이 안 맞으면 상황이 심각해진다. 이런 상황이 지속되면 혈액보유 재고량은 날마다 뚝뚝 떨어진다. 그래서 혈액관리본부는 혈액보유량에 따른 위기경보 기준을 두고 대응한다. 적혈구제제가 5일분 미만이면 '관심' 단계, 3일분 미만이면 '주의' 단계, 2일분 미만이면 '경계' 단계, 1일분 미만이면 '심각' 단계가 된다. 신종플루가 유행했던 2009년에는 혈액보유량이 1.8일분까지 떨어졌다고 한다. 코로나가 극심했던 해에는 학생과 군부대 헌혈이 끊어져 3일분 이하로 떨어진 날이 많았다.

그런데 문제는 헌혈 환경이 갈수록 나빠지고 있다는 데 있다. 저출산 고령화로 헌혈자 수는 감소하는 반면, 수혈자는 늘어나는 추세다. 신종플루나 코로나처럼 재난 상황이 발생하면 당연히 수급에 미치는 영향이 크다.

이 밖에도 연중 혈액이 부족한 시기가 있다. 학생들이 방학에 들어가는 여름과 겨울이 그렇다. 여름에는 장맛비가 와서, 겨울에는 날씨가 추워서 사람들이 외부 활동을 자제하면 이 또한 영향을 미친다.

2022년 1월 내가 근무하는 광주 지역의 오전 시간 혈액보유 재고량은 2.9일이었다. 주의 단계를 왔다 갔다 했다. 아침 뉴스에는 수도권 코로나 확진자가 1300명 대로 최대를 기록할 것이라는 기사가 나왔다. 다시 사회적 멈춤이 필요하다고 했다. 이제 광주까지 여파가 올지 몰랐다. 아침까지 하늘이 뚫린 듯 내리던 장맛비가 낮 시간 멈췄는데 다음 날과 그다음 날에도 다시 비가 온다고 했다.

원거리 출장이 많은 지역이라 헌혈 버스는 아침 7시부터 헌혈자들을 만나러 차례로 떠났다. 그러고 보니 아침 일찍 집을 나와 버스 타고 헌혈 현장으로 출발한 섭외 직원, 간호사, 운전사 들이 사실 출근 1등이다. 헌혈자들의 참여와 직원들의 노력으로 다행히도 이날 하루 헌혈량은 공급량을 넘었다. 우리는 언제 코로나 이전 헌혈량으로 돌아갈 수 있을까. 코로나가 얼른 끝나서 사람들이 많이 왕래하고 이전만큼 헌혈이 늘길 희망했다.

토요일 군부대 헌혈

주 5일 근무제 시대. 남들 다 쉬고 싶은 주말에도 주기적으로 헌혈에 참여하는 단체는 단연 군부대다. 그만큼 군인들의 헌혈 기여도는 상당하다. 내가 근무했던 충북혈액원에서는 매주 토요일 육군훈련소, 한 달에 한두 번 사단 신병교육대에 출장을 간다. 팀원들이 돌아가면서 인솔을 나가는데, 이번은 내 차례가 되어 신병교육대에 갔다. 사전 희망자가 85명이라고 하니 이대로라면 50명 넘게 헌혈할 거란 예상을 했다. 제한된 시간 내에 끝내기 위해서 간호사도 한 명 더 배정됐다. 그렇게 토요일 아침 회사에서 40분 정도 떨어진 신병교육대에 조기 출장을 갔다.

출입 조치를 마치고 중대 옆에 헌혈 버스를 세웠다. 진행을 도울 조교도 지원받았다. 무전기를 한 손에 들고 내려온 조교는 인상 좋은 청년이었다. 계급을 물으니 병장이라 했다. 제대가 한 달 남았단다. 떨어지는 낙엽도 조심해야 할 말년이 어찌 여기까지 다 나왔냐고 물으니, 병장들도 주말근무 다 한다면서 행정반에 있는 것보다 그나마 헌혈 지원이 수월할 것 같아 내려왔다고 해서 서로 웃었다.

준비를 다 마치고는 오전 행사로 단체 사진 촬영이 끝나자마자 병력을 보내달라고 했다. 첫 타임으로 한 번에 버스에 올릴 최대 인원은 의자 수에 맞게 여덟 명이다. 쿵쿵쿵쿵 쿵쿵쿵쿵. 서두르듯 계단을 내려오는 장정들의 발소리가 점점 가까이 들렸고 곧이어 10여 명 되는 훈련병이 내 앞에 일자로 섰다.

본격적으로 시작하기에 앞서 원활한 진행을 위해 인솔자가 헌혈 가능 여부를 1차 점검한다. 버스에 올라가기 전에 체크하지 않으면 결국 버스 위 문진실에서 퇴짜를 맞기에 버스 아래에서 주요 사항만 빠르게 전달하고 확인한다. 그 모습은 마치 '예/아니오'로 '합격/불합격'이 갈리는 도전 골든벨 같다.

"신분증 다 가져오셨죠?"

첫 질문에서부터 훈련병들은 웅성대기 시작했다. 내려오기 전에 제대로 전달받지 못했는지 다들 신분증을 내무반에 놓고 왔다.

"내무반에 다녀와도 되겠습니까?"

"다녀오세요."

훈련병들은 다시 우르르 내무반으로 뛰어 올라갔다가 조금 뒤 다시 내 앞자리로 되돌아왔다. 나는 다음 질문들로 확인을 시작했다.

"최근 문신 하신 분? 눈썹 문신 포함해서요."

"없습니다."

팔뚝에 문신한 훈련병이 있었지만, 6개월이 훨씬 지났다고 했다.

"군대 간다고 마음이 울적해서 해외여행 다녀오신 분?"

외국여행을 다녀오면 한 달 이내 무조건 헌혈을 못 한다. 이 질문에 두 명이 "아~" 하며 아쉬워했다. 탈락.

"헌혈주기 8주 안 지나신 분?"

"없습니다."

"말라리아 헌혈 제한 지역인 파주, 연천, 강화, 철원 등에 거주하거나 최근 여행하신 분?"

"없습니다."

"코로나나 독감에 최근 확진되신 분?"

"없습니다."

나는 "없습니다"라는 답변을 제일 좋아한다. 그런데 복병은 다음에 나왔다.

"최근 약 복용하신 분?"

이 질문에서 여러 명이 손을 들었다. 훈련받는 군인들이라 크고 작은 부상이 따른다. 또한 내무반 단체 생활이라 감기에라도 걸렸을 수 있다. 의무대 처방 감기약이나 진통소염제는 3일간 헌혈을 할 수 없는데, 어제저녁과 오늘 아침에 약을 먹었다고 했다. 네 명 다시 탈락.

열 명 중 남은 네 명만 버스에 올라갔다. 부족한 자릿수만큼 나는 조교에게 "네 명 더 보내주세요"라고 요청했다. 조교는 곧바로 무전기로 호출했다. 그렇게 인원이 줄면 조교에게 말하고, 조교는 듣자마자 인원을 불렀다.

헌혈을 시작한 지 1시간이 지나니 빗방울이 두둑 떨어지기 시작했고 흙냄새가 짙게 올라왔다. 곧 비가 쏟아지나 했더니 아니나 다를까 곧이어 장대비가 내렸다. 비가 많이 온다고 달라질 건 없다. 그렇게 오전 헌혈을 마쳤다.

우리는 부대 안에서 식사를 할 수 없기에 12시경 오전 일과를 마무리하고 부대 밖으로 나왔다. 비가 오는 데다 이동 시간이 있다 보니 1시간 점심시간도 빠듯했다. 비가 와서 그런지 읍소재지 식당은 한산했고 음식도 금방 나왔다. 식사를 마치고 돌아오는 길에 카페에 들러 커피를 사서 부대에 들어왔다. 오후 일과가 다시 시작됐다. 나는 조교와 함께 커피를 마시며 여유 생길 때마다 곁에서 이야기를 나눴다.

"요즘 월급 많이 나오죠?"

한 달에 100만 원이 나온단다. 게다가 이 돈으로 40만 원씩 적금을 들면 지원금도 30만 원 정도 나온단다. 잠시 따져보니 잘 모으면 제대할 때 해외여행도 한 번쯤 다녀오고 대학교 등록금을 한 번쯤 낼 정도는 되겠다 싶었다. 적은 돈이 아니었다. 오래전 내가 군대에 갔던 90년대 말에는 병장 월급이 1만 3000원이었다. 병장 때 분대장을 하면서 저축을 해 본 적이 없다. 월급 받아 부대원들에게 'PX 추진' 한 번 내면 그 돈이 다 사라지고 없었다. 그런데 지금은 매달 100만 원씩 받게 되니 PX를 몇 번 다녀올 수 있고 저축도 할 수 있겠구나 싶었다.

버스 주임이 대기하는 훈련병들 지루하지 않도록 차 안에 TV를 틀어놓으니 시선이 모두 그쪽으로 향했다. 오후에도 헌혈이 안 되는 훈련병이 많이 나와서 헌혈은 3시쯤 일찍 마무리됐다.

최근 보면 병영 문화도 많이 바뀌고 있다. 토요일 오전에는 브런치가 나오기도 하고 오후에는 휴대폰을 사용할 수 있는 시간도 제공된다. 브런치로 식사를 아침 겸 점심으로 먹는데, 식사하지 않은 사람은 헌혈할 수 없으니 아침 일찍부터 하던 헌혈도 시간 변경이 불가피하다. 휴대폰을 제공하는 시간에는 병사들이 단체로 휴식하기 때문에 그 시간에는 헌혈을 이어서 할 수가 없다. 이처럼 환경은 계속 바뀌고 있어 우리도 병사들에게 맞춰 시간을 탄력적으로 운영한다. 변화된 여건이 헌혈에는 어려움으로 다가올 때가 많지만, 그래도 여전히 확실한 건 그 어느 단체와 비교해도 군인들이 혈액 수급을 위해서 참 큰일을 해준다는 점이다.

3시는 근무 교대를 하는 시간이라 우리가 마무리 정리를 하는 사이 하루를 같이 보냈던 조교는 행정반으로 돌아갔다. 다음에 내가 이 부대를 방문할 때쯤에는 그는 이미 제대하고 어엿한 사회인이 되어 있을 것이다. 길지 않은 시간이었지만 함께해서 즐거운 하루였다. 그렇게 모든 걸 마치고 부대를 떠날 때쯤 내리던 비는 멈추고 다시 햇빛이 비치기 시작했다.

오늘도 고생하셨습니다

"천하장사도 졸린 눈꺼풀은 못 들어 올린다"라고 했다. 하물며 동네장사도 못 되는 내가 졸음과의 싸움을 이길 리는 만무하다. 며칠 전에도 출장을 나갔다가 사무실로 돌아오는 길에 졸음운전을 했다. 정말 순간이었다. 장거리 출장을 간 것도 아니고 30분도 안 되는 거리를 시내 주행하며 귀원하던 중이었는데 몸이 노곤했던 탓인지 나도 모르게 졸음에 빠졌다. 다행히 곧바로 정신을 차렸지만 가슴이 철렁한 순간이었다.

그날은 전날보다 기온이 10도 이상 내려가 영하로 떨어진 날이었다. 날씨도 춥거니와 바람마저 세찼다. 나는 고교 담당자와 함께 올해 세 번째 헌혈을 하는 청주의 한 고등학교로 아침 일찍 출장을 나갔다. 예보를 듣고 나 나름대로는 무장을 한다고 두꺼운 옷을 챙겼는데도 내 몸은 아직 겨울을 온전히 맞을 준비가 덜 됐는지 춥기만 했다.

학교 운동장에 버스 세 대가 나란히 주차되는 것을 확인하고 버스 트렁크에서 접이식 테이블과 플라스틱 의자를 꺼내 현관 복도로 옮겼다. 추운 날씨에 학생들을 맞이할 따뜻한 실내 공간이 있으면 좋겠지만 상황은 그렇지 않았다. 선생님께 말씀드리면 빈 교실을 내주시기도 하지만 대개는 그런 공간이 없고 학생들이 버스를 잘 찾아가는지, 중간중간 특이 사항이 없는지 살피기 위해서라도 버스에 가까운 현관 복도에 자리를 잡고 일하게 된다.

햇볕이 들지 않는 현관 복도는 냉기가 가득했다. 1층 계단 아래에 자리를 세팅하고 양쪽으로 열린 유리 출입문을 닫으니 골바람이 멈췄다. 학생들이 오가면서 열어둔 것인지 학교에서 환기 삼아 열어둔 것인지는 알 수 없지만 닫지 않으면 바깥이나 다를 바가 없었다.

우리 자리가 교무실 바로 옆이었는데 조금 지나니 교감선생님이 마시라면서 따뜻한 커피 두 잔을 주고 가셨다. 배려심 많은 간호사가 우리에게 핫팩을 하나씩 챙겨 주었다. 하루 일과가 본격적으로 시작됐다.

학년별, 반별로 내려온 학생들을 맞이하고 간단한 주의 사항도 안내해서 차량으로 올려보냈다. 한 버스에 학생들이 너무 많이 몰리면 안 되기에 중간중간 헌혈 버스에 올라 인원을 확인하고 다시 자리로 돌아와 접수를 받았다. 그렇게 오전을 보내고 점심시간이 되니 몸이 빨리 지쳤다. 이렇게 일을 마치고 오후에 사무실로 일찍 귀원하다가 나도 모르게 졸음운전을 하게 된 것이다.

단체 헌혈을 담당하는 헌혈개발팀원들은 운전이 필수다. 운전을 많이 한다. 편하게 헌혈하도록 '찾아가는 헌혈'을 맡고 있기 때문이다. 헌혈 버스가 도착하기 전에 현장에 도착해서 준비도 해야 하고, 점심시간에는 직원들을 태워서 식사하러 나갔다 와야 하고, 인근 헌혈처에 연락하고 방문해서 때론 섭외도 해야 하고, 다시 귀원까지 하려면 운전이 계속 이어진다. 내가 근무하는 혈액원은 충북뿐만 아니라 경북 문경과 예천까지 관할하기 때문에 버스 기준 편도 2시간 이상 가야 하는 지역이 네 곳이나 된다. 그러니 월화수목금 매일 출장이 잡힐 경우 운수직이 아님에도 불구하고 1000킬로미터는 족히 운전한다.

  나만 졸음운전을 하는지 알고 싶어 물어보니 다른 직원들도 다들 경험하는 일이었다. 누구는 졸릴 때 허벅지를 꼬집었고, 누구는 코가 뻥 뚫리는 졸음껌을 씹었다. 누구는 지인과 통화를 하거나, 누구는 음악을 틀어놓고 노래를 불렀고, 누구는 중간에 쉬며 담배 한 대 피우면서 졸음을 쫓았다. 나는 담배를 끊은 지 오래라 허벅지를 꼬집거나 졸음껌을 씹는다. 간혹 졸음의 한계치에 도달할 경우에는 딸꾹질을 멈추지 않고 엄청 해대는 편이다.

  가끔은 자율주행차가 세상에 빨리 나오면 좋겠다고 생각한다. 핸들을 잡고 운전하지 않아도 목적지만 입력하면 알아서 데려다주는 미래의 자동차. 그러면 졸음운전을 하지 않고 안전하게 이동할 수 있지 않을까. 하루 헌혈을 애써서 많이 받았다고 기분이 좋더라도 사고라도 나면 무슨 소용이란 말인가.

  원거리든 근거리든 출장 나가 있는 직원들이 현장에서 헌혈 종료를 알리는 메시지를 단톡방에 올리면, 다소 투박하지만 솔직한 내 마음을 함께 전했다. "오늘도 고생하셨습니다. 안전 운전하세요. 조심히 귀원하세요."

이산가족, 그리움만 쌓이네

> 금강산 찾아가자 일만이천봉.
> 볼수록 아름답고 신기하구나.
> 철따라 고운 옷 갈아입는 산.
> 이름도 아름다워 금강이라네
> 금강이라네.

1998년 나는 군 복무 중이었다. 내무반에서 유람선을 타고 금강산으로 관광 갈 수 있게 됐다는 뉴스를 봤다. 북한이라니. 역사적인 사건이었다. '아, 나도 제대하면 금강산에 한번 가보고 싶다.' 그때 병장 월급으로 1만 3000원을 받았으니, 바닷길로 금강산 관광을 가려면 300만 원을 내야 한다는 사실을 알고는 가고 싶은 마음을 슬그머니 접었다.

기회는 몇 년 후에 우연히 찾아왔다. 2004년도 중반이었다. 청주에 있는 시민단체 활동가들이 버스 한 대 인원을 모아서 무박 2일 일정으로 금강산에 갈 계획인데 함께 가겠느냐고 여자 친구가 제안

했다. 2004년 7월부터 육로 당일 관광이 개시된 덕분이었다. 이때가 아니면 내가 언제 금강산에 가볼 수 있을까 싶어서 신청했다.

설레는 마음으로 밤 12시에 청주에서 출발하는 관광버스에 올랐다. 불 꺼진 버스 안에서 자다 깨다를 반복하며 해 뜰 무렵 강원도 고성에 도착했다. 관광 시간이 시작되고 우리는 출입국사무소에서 수속을 밟은 뒤 금강산으로 들어가는 길을 통과할 수 있었다. 북한 직원이 여자 친구의 출입증을 살펴보더니 "젊은 사람이 국장으로 꽤 높구먼요"라며 말을 건네길래 북한 사람도 농담을 하는구나 속으로 생각했다.

모든 게 신기함, 그 자체였다. 커다란 바위에 새겨진 붉은 글씨, 나무 하나 없는 민둥산은 한국에서 보기 힘든 풍경이었다. 그렇게 나는 구룡폭포까지 걸어 올라가 아름다운 절경을 구경하고, 금강산호텔에서 차갑지는 않으면서 면발이 통통한 북한식 냉면을 맛있게 먹었다. 기념품을 사려고 온정리 휴게소에 들렀는데 사려던 엿이 '북한제'가 아니라 우리가 출발했던 충북의 진천에서 만든 것임을 알고는 한바탕 웃었다. 단 한 번이었지만 아름다운 금강산에 가봤다는 추억만으로도 기분이 좋았다.

그 무렵 남북 관계는 점차 개선되는 분위기였다. 적십자도 분주해졌다. 적십자 표장을 박은 쌀과 비료가 선박에 실려서 북한으로 전달되기 시작했다. 인솔단장으로 북한에 다녀온 선배들이 경험담을 얘기해 줬다. 무용담 같은 현지 이야기가 흥미로웠다. 묵은 숙제와도 같던 이산가족 상봉이 자주 열렸다. 이산가족 상봉을 상시 할 수 있도록 금강산에 면회소를 짓는 공사도 시작됐다. 금강산에서 상주하면서 근무할 직원을 공모하는 사내 공고도 올라왔다. 그때부터 금강산 하면 '이산가족 상봉'이 자연스럽게 떠올랐다.

2009년 구호복지팀에서 근무하면서 이산가족 접수 업무도 함께 했다. 평소 이 일로 특별히 바쁘지는 않았다. 수많은 이산가족이 이미 신청했기 때문이다. 대신 이산가족 상봉이 진행되면서 그 뉴스를 보고 미신청자들이 찾아오거나 등록이 잘되었는지를 재확인하기 위한 전화가 왔다. 그중에 몇 분이 기억난다.

이산가족 상봉만 하면 울면서 사무실로 전화하는 할머니가 계셨다. 할아버지가 실향민이었는데 이미 돌아가셨고, 할아버지의 마지막 염원이던 가족 상봉을 꼭 본인이 살아 있을 때 직접 해보고 싶으시다고. 나는 드릴 얘기도, 해드릴 수 있는 것도 없어 그저 말씀을 들어드리기만 했다. 한 할아버지는 형님을 찾기 위해 이산가족 신청을 했는데 세월이 훌쩍 지나도 소식이 없다며 언제 나에게 기회가 오느냐며 답답하다고 전화하셨다. 설상가상으로 최근 받은 건강검진에서 간암을 진단받아 병원으로부터 얼마 남지 않은 시한을 선고받았다고 하셨다. 할아버지의 마지막 소원은 북에 계신 형님이 살아 계신 소식만이라도 알고 싶다는 거였다.

또한 북에 있을 가족을 만나고 싶다는 통천군 출신 할머니, 자신을 대신해 의용군으로 간 형님을 찾고 싶은 할아버지, 형부를 따라

북으로 이주한 두 언니를 만나고 싶다는 할머니도 있었다. 만나지 못하면 천추의 한이 되겠지만, 며칠 만난다고 그동안 쌓여온 그리움이 모두 풀리지는 않을 것이다. 만나면 또 만나고 싶고 더 생각나서 힘들다는 얘기도 들었다.

정부가 운영하는 '이산가족정보통합시스템'에 등록된 이산가족찾기 신청자는 2025년 7월 말 기준 13만 4484명이다. 이 중 9만 8981명이 사망하고 3만 5503명이 생존해 있다. 사망자 수가 생존자 수를 크게 넘어섰다. 연령으로는 생존자의 66.6퍼센트가 80세 이상의 고령자다. 이 어른들은 하루이틀 한 해 두 해도 아니고, 70년 넘게 가족을 만나지 못했다. 나로서는 헤아릴 수 없는 아픔이다. 사랑하는 사람과 헤어지는 것, 만나기 위해 노력하지만 만나지 못하는 것 모두 얼마나 큰 고통일까. 그분들의 고통을 조금이라도 덜어드리기 위해 적십자는 이산가족 상봉 사업을 지속한다.

그러나 지금도 이산가족 상봉이 다시 열릴 기미는 보이지 않는다. 남북 관계 전반의 상황에 따라 이산가족의 만남이 좌우되고 있지만, 모쪼록 조속히 재개되면 좋겠다. 아름다운 금강산에서 보고 싶었던 가족을 만나 짧더라도 행복한 시간을 보내시면 좋겠다.

봉사에도 돈이 든다

봉사는 몸만 있으면 할 수 있을 것 같지만 사실 돈이 든다. 봉사하겠다고 마음먹고 봉사처를 찾아가려 해도 최소한 교통비는 들 것이고, 호우로 수해 피해를 입은 지역 복구 활동에 참여한다 하더라도 본인이 먹을 음식, 중간에 마실 음료, 장화, 장갑 같은 준비물을 챙겨야 한다(물론 주최 측에서 준비할 수도 있겠지만). 게다가 우리가 어떤 민족인가. 남의 집을 방문할 때 빈손으로 가지 말라고 어렸을 때부터 귀에 딱지가 앉게 들은 민족이 아니던가. 조손가정이든 독거노인이든 북한이탈주민이든 다문화가정이든, 어느 가정과 결연을 맺든 작은 무엇이라도 챙겨서 찾아간다. 그래서 봉사하려면 크든 작든 돈이 필요하고, 봉사회에서 기금을 마련하려고 애쓰는 이유도 다 거기에 있다.

기금을 마련하는 방법은 다양하다. 외부 후원을 받거나, 보조금을 받거나, 회원들의 회비로 충당한다. 그 밖에도 바자가 있다. '바자bazaar'는 '자선사업 기금을 모으기 위해 벌이는 장'이라는 뜻이다. 우리는 흔히 영어의 바자에 한자어 '모일 회會' 자를 결합해 '바자회'라고 많이 말한다. 바자에는 각종 기증품이나 질 좋은 물품이 값싸게 많이 나온다. 파는 사람 입장에서는 한 번에 기금을 마련할 수 있어서 좋고, 사는 사람 입장에서는 저렴한 가격에 괜찮은 물품을 구입하면서 뜻깊은 일에 동참까지 하게 되니 일석이조다.

나는 지사에 근무하면서 봉사회에서 하는 바자회에 많이 다녀보았다. 사회봉사 담당으로 일할 때에는 옆에서 같이 준비도 많이 했다. 좋은 취지에서 하는 일이라 어디 하나 뜻깊지 않은 바자가 없다. 그럼에도 이제껏 다녀본 곳 중에서 가장 인상적이었던 바자를 하나 꼽는다면 서울 코엑스에서 매년 열리는 '적십자 바자'가 먼저 떠오른다.

적십자 바자는 오랜 역사와 국내 최대 규모를 자랑한다. 이 행사는 본사 여성봉사특별자문위원회가 주최하는데 공기업, 기업체, 주한외교사절단 부인 등 100여 개 부스가 설치되고, 백화점에서 만날 수 있는 대기업 의류 브랜드도 참여하기 때문에 인기가 높다. 특히 유명 의류를 싼 가격에 사기 위해서 개장 몇 시간 전부터 사람들이 줄을 길게 서는 진풍경도 펼쳐진다.

2011년 가을, 충북지사 사회봉사 담당이었던 나는 충북자문위원회에서 이 바자에 참여하기로 결정함에 따라 처음으로 코엑스 적십자 바자에 가게 됐다. 자문위원회는 전국 총회를 마치고 단합된 분위기 속에서 이 바자에 부스를 하나 받아 기금 마련에 나섰다. 바자에서 팔 물건으로 속리산 맑은 공기 속에 자라난 송이버섯을 준비했다. 그해에는 송이 채취량이 많아 자연산 송이버섯 가격이 예년의 절반 이하로 떨어졌다. 그렇다고 해도 1킬로그램 한 상자 가격이 25만 원을 호가하는 고급품이었다. 고기도 먹어본 사람이 먹는다고, 과연 서울 강남이라 그런지 송이버섯을 한 상자씩 사는 사람들이 있었다.

매대 위에 송이 상자가 하나씩 줄어들 때마다 기분이 좋았다. 그렇지만 운영 시간이 다 끝나가도록 일곱 상자를 팔지 못했다. 이날이 지나면 송이버섯의 맛과 향이 덜하여 상품 가치가 떨어질 게 분명했다. 이대로 송이버섯을 다시 들고 청주로 돌아가겠구나 생각하는데, 구세주가 나타났다. 의류 코너에서 봉사 활동을 마치고 돌아가던 모 대기업 회장 부인이 우리 부스 앞을 지나다 들렀다. 충북자문위원의 송이버섯 소개를 듣더니 "여기 송이버섯 다 주세요"라고 말했다. 모두 입꼬리가 급격하게 올라가는 순간이었다. 왼쪽 수행원은 지갑을 꺼내 계산했고, 오른쪽 수행원과 버섯 상자를 나눠 들고 유유히 사라졌다. 그렇게 매대 위는 깔끔히 정리됐다.

운이 좋아서 모두 팔긴 했지만, 사실 비싼 물품으로 바자회에 나간다는 건 부담스러운 일이다. 그래서인지 다음 해에는 청국장과 된장을 준비해서 바자에 참석했다.

그럼 이렇게 판매한 수익금은 어디로 갈까? 수익금은 봉사 활동을 위한 기금으로 봉사회에 지원되고 도움이 필요한 누군가에게 전해졌다. 봉사 활동은 이런 나눔 활동의 선순환 사이클이다. 이런 걸 보면 이웃을 돕는 비영리 활동에도 돈은 계속 돌아야 하고 커져야 한다. 어떻게 하면 기금이 잘 마련될 수 있을지 옆에서 함께 고민하고 필요한 부분을 지원하는 일이 우리가 하는 일이기도 하다.

잊을 수 없는 편지

오랜만에 케케묵은 업무 바인더를 뒤적이다가 내가 정말 소중히 여기는 편지 세 통을 다시 꺼내 보았다. 수혜자이자 기부자였던 한 사람에게서 받은 편지였다.

2006년 4월 사무실로 편지 한 통이 도착했다. 수신자는 대한적십자사/충청북도지사 귀중. 당시 나는 모금 업무를 담당하고 있었다. 편지봉투 안에는 컴퓨터로 친 편지 한 장과 적십자회비 지로용지 세 장, 두 달치 전화요금 고지서, 건강보험료 의뢰서가 들어 있었다.

발신인은 자신을 30대 후반의 남성이라고 소개했다. 살림살이가 괜찮았던 때에는 적십자회비를 꼬박꼬박 냈었는데, 형편이 어려워지고 방세랑 공과금이 밀린 상황에서 적십자회비 지로용지를 받아보니 마음이 처량하고 착잡한 심정이 들었다고 했다. 그분은 아직은 젊어서 다른 사람에게 가야 할 혜택을 자신이 뺐는 게 아닌가 하는 생각에 동사무소에 도움을 청하지는 않았지만, 이대론 굶어 죽을 것 같아서 가까운 푸드뱅크를 방문했단다. 카레, 짜장, 전복죽, 고추장 등을 받아왔는데 정작 더 필요한 '쌀과 반찬'이 없어서 기록만 남기고 돌아갔다. 그러면서 나중에 형편이 되면 적십자회비를 낼 것이지만 지금은 소용이 없으니 차라리 취직이 되거나 굶어 죽지 않기를 발원해 주면 고맙겠다고 적었다.

이 편지를 읽는 내내 마음이 먹먹했다. 편지가 마치 S.O.S처럼 느껴졌다. 어려운 이웃을 위해 쓰겠다고 기부 동참을 요청한 것인데 도움이 필요한 분이 답장한 것이다. 이 편지를 팀장님께 보여드리고, 도울 방법이 없는지 구호 부서와도 논의했다. 우리는 그 집을 곧바로 방문해 보기로 했다. 팀장님과 구호담당 과장님, 나 셋이서 구호품을 가지고 편지에 적힌 주소를 찾아갔다.

주소지를 찾는 건 어렵지 않았다. 가정집 주택의 작은방 앞에 서서 "안에 계십니까?"라고 방주인을 불러 보았지만 돌아오는 대답은 없었다. 우리는 조금 더 기다려보기로 했다. 20분쯤 지나자 현관문을 열고 들어서는 편지의 주인공을 만났다. "편지 받고 적십자에서 나왔습니다"라고 먼저 인사를 드렸다. 크지 않은 체구의 남성이었는데 일을 구하기 위해서 교차로 광고를 보고 아침 일찍 용역회사에 갔다가 돌아오는 길이라고 했다. 잠시 얘기를 나누고 우리는 준비해 간 구호품을 전해 드리고 돌아왔다.

그런데 며칠 지나지 않아 두 번째 편지가 사무실 팩스로 도착했다. 구호품으로 받은 쌀과 라면 중 라면 1개 반을 끓여 먹었더니 살 것 같았다고, 마음에 여유가 생겼다고 하셨다. 뜻밖의 방문과 지원에 감사하고, 도움을 받기보다는 도움을 주는 사람이 되겠다는 말씀을 남겼다.

  나는 다시 편지를 써서 보내주신 그분의 성의가 너무나 감사했다. 희망의 온기를 조금이라도 드릴 수 있어서 다행이었다. 단기로 다시 용역회사 일을 시작했는데 15일 정도 일하면 먼저 밀린 공과금을 모두 납부할 수 있을 것이고, 푸드뱅크와 적십자의 지원품까지 함께 갚으려면 조금 더 시간이 걸릴 거란 내용이었다. 구호품 비용까지 모두 갚겠다고 해서 다소 놀랐다. 자존심도 있고 워낙 의지가 강한 분이라는 생각이 들어서 '나중에 괜찮아지시면 올해 적십자회비 5000원을 내주시는 것만으로도 충분하다'는 회신을 드렸다.

  그리고 한 달이 지난 6월 10일. 마지막 세 번째 편지가 팩스로 왔다. 적십자회비를 내기 위해서 우체국, 은행, 편의점을 다녀왔는데, 하필 토요일이라 은행은 쉬고 지로용지는 재발행된 것이라 바코드 인식이 안 돼 대한적십자사 계좌로 돈을 송금했다는 내용이었다. 구호품 값을 포함한 금액을 보내니 돈을 제대로 써달라는 당부의 말씀을 적었다. 그렇게 그분과의 서신은 끝이 났다.

  이 일을 계기로 나는 우리 일의 의미를 다시 생각하게 됐다. 왜 우리는 모금하는지를, 누군가를 돕는 나눔의 가치를 생각했다. 내가 하는 일이 앞으로도 지속되어야 한다는 신념도 더욱 단단해졌다. 도움을 주는 상황도, 도움을 받는 상황도 누구에게나 생길 수 있다. 그래서 기부금을 받아서 어디에 쓰느냐고 사람들이 물을 때마다 적극적으로 알리려 노력했다.

소중한 편지는 다시 바인더 속으로 들어갔다. 앞으로도 잘 간직하려고 한다. 그분은 지금 어떻게 지내실지 문득 궁금해진다. 잘 지내시면 좋겠다.

김 할아버지의 동행

적십자에서 일하면서 이웃의 안타까운 사연을 많이 접했다. 우리가 하는 일이 어려운 이웃들에게 필요한 도움을 드리는 일이다 보니 이곳저곳 봉사회를 통해 접수된 실태조사서를 많이 받는다. 실태조사서에 기재된 내용을 보면 기구한 사연이 많다. 평범함이라곤 찾아볼 수 없고, 안 좋은 일이 연거푸 겹쳐 발생한 경우도 허다했다. 이런 조사서를 읽으면 나는 내 위치에서 무엇을 할 수 있을지 고민에 빠진다. 후원이나 도움으로 연결해 드릴 수 있으면 좋겠다는 생각도 많이 했다.

2012년 봄, 본사에서 '다음 희망해(포털 사이트에 진행한 기부 프로젝트)'에 올릴 사연을 모집했다. 온라인 모금을 위해서였다. 나는 청나봉사회가 어버이결연을 맺고 있는 한 조손가정을 온라인모금 대상자로 신청했다. 김 할아버지(가명) 가정이었다.

김 할아버지는 뇌경색으로 쓰러진 아내와 어린 두 손녀를 돌보며 살았다. 할아버지라고 했지만 내 아버지와 나이가 같았다. 김 할아버지는 아픈 무릎으로 작은 리어카를 끌고 하루 두세 시간씩 파지를 주우러 다녔다. 더 많은 시간을 일해야 생계에 보탬이 되지만 매일 병원에 가야 하는 할머니를 위해 긴 시간 집을 비울 수 없었다.

할아버지에게도 한때 단란한 가정의 가장으로 남부럽지 않게 살던 때가 있었다. 하지만 큰아들이 스스로 생을 마감하는 불행이 닥치면서 할머니마저 그 충격에 뇌경색으로 쓰러졌다. 작은아들은 성장기를 거치면서 우울증이 있긴 했지만 가정도 꾸리고 어여쁜 두 아이도 낳았다. 하지만 우울증이 재발하면서 작은아들은 결국 집을 나갔고 며느리마저 아이들을 남겨 둔 채 집을 떠나 소식이 끊겼다. 그렇게 김 할아버지 가정은 조손가정이 됐다.

김 할아버지 사연을 글로 정리해 사진과 함께 본사에 제출했다. 이 사연은 다음 희망해에 등록됐다. 그리고 10일간 모금이 시작됐다. 10일 동안 500명이 '좋아요'를 누르면 500만 원의 기부금이 전달되는 프로그램이었다. 이 돈이 주어진다면 할머니의 병원비, 병원을 오갈 때 타는 장애인 이동지원 차량 해피콜 이용비, 가족 생활비에 보탬이 된다. 내가 올린 사연이었기 때문에 모금이 잘 마무리되기를 더 간절히 바랐다.

500명 정도면 금방 끝나겠지 생각했는데 마감일이 다가오는데도 '좋아요'가 150여 명이나 부족했다. 혹시 후원을 못 받을까 마음이 다급해지기 시작했다. 이대로는 안 되겠다 싶어서 만나는 사람마다 홈페이지에 들어가서 '좋아요'를 눌러 달라고 요청했다. 가까운 봉사원에게 문자메시지를 보내고, 교육을 받으러 온 봉사원에게는 시작에 앞서 프로그램 참여를 부탁했다. 다행스럽게도 마감된 결과 500명이 넘었다. 공유와 댓글까지 참여한 사람을 합치면 1600여 명이나 됐다. 이밖에 직접 기부한 사람도 많았다. 우리 주변에는 마음 따뜻한 사람이 참 많다. 십시일반의 힘이 이토록 크다는 사실을 실감했다. 감사의 순간이었다.

모금 기간이 종료되고 기금 집행이 시작됐다. 김 할아버지는 지원 기간 동안 할머니 병원비와 손주들을 위한 주부식비, 외식비, 난방비로 지출하면서 고마워하셨고 행복해하셨다. 할머니의 건강도 다소 좋아졌다. 할머니는 할아버지나 가족들의 이야기에 전혀 반응하지 않았는데 지원 기간 동안 조금씩 감각이 호전됐다.

사실 모금 기간이 종료되고 한 달 뒤쯤 이 사연을 본 KBS 현장르포 〈동행〉 작가분이 연락하셨다. 김 할아버지 가족의 이야기를 방송으로 만들고 싶다고 하셨다. 나는 분명히 이 가족에게 더 보탬이 되리라 생각했다. 반년이 지나면 다시 금전적으로 어려워질 텐데 이 프로그램에 나가면 큰 도움을 받을 수 있을 것이다. 결연봉사원도 나와 같은 생각이었다. 봉사원이 가서 김 할아버지를 여러 차례 설득했지만, 어르신은 출연을 반대했다. 아이들이 상처받을까 봐 걱정하셨다. TV에 손주 얼굴이 나가면 다른 아이들이 알아보고 혹여 왕따를 시키지 않을까, 아이들이 상처를 받지는 않을까 걱정이 돼 끝내 방송 출연을 포기하셨다. 아쉬움이 컸지만, 할아버지의 뜻을 존중했다. 아이를 가장 사랑하는 건 어르신이니까.

사업이 다 끝날 즈음 나는 새로운 업무를 맡았고, 이어 다른 지역에서 몇 년간 근무하게 되면서 김 할아버지의 소식을 접하지 못했다. 최근 할아버지는 페이스북을 하시는지 친구 신청이 와서 수락했더니 성경 구절이나 교회 관련 내용이 올라오는 것을 볼 수 있었다. 그래서 궁금하던 차에 담당했던 결연봉사원께 연락했다.

"김 할아버지네 계속 다니세요?"

"그럼요. 우리가 계속 맡고 있지요."

봉사원께 그 후 상황을 들었다. 할머니는 돌아가시고, 김 할아버지는 뇌졸중으로 거동을 못 하셨다. 아이들은 잘 커서 중학교, 고등학교 학생이 됐다. 그리고 마지막에 "어디 주변에 도와줄 데 있으면 알아봐 줘요"라는 말씀에 마음이 다시 무거워졌다.

적십자에서 하는 일로 누군가의 가난을, 당면한 어려움을 완전히 해결해 줄 수 있다고 말할 수는 없다. 다만 나는 어려운 이웃의 사연에 귀를 기울이고 그런 이야기를 주변에 알리고 도움 줄 곳을 계속 찾기 위해 노력한다. 남을 돕는 일이 우리의 소명이기도 하지만 내가 관심 가지고 움직이는 만큼 누군가는 삶에 일말의 희망을 가질 수도 있기 때문이다.

필리핀의 코리아나

2013년 11월 기상 관측 사상 가장 강력한 태풍 중 하나인 하이옌이 필리핀 중부 지방을 관통했다. 얼마나 무시무시했는지 최대시속 375킬로미터의 강풍과 6미터 높이의 해일을 동반한 초대형 태풍에 7000여 명이 넘는 필리핀 사람들이 목숨을 잃었다. 발생한 이재민만 1600만 명이었다. 가옥과 농경지가 초토화됐고 도로, 전력, 수도 등 기반 시설과 의료 시설이 마비됐다.

재난 발생 직후 필리핀적십자사는 국제적십자사연맹을 통해 국제사회에 지원을 요청했다. 대한적십자사는 이재민 구호를 위한 긴급구호자금 100만 스위스 프랑을 즉각 지원했다. 내과, 외과, 산부인과, 심리사회적지지요원 등 17명으로 구성된 긴급의료단을 급파했다. 5인 가구용 응급구호품 1만 세트도 필리핀적십자사에 전달했다.

현지에 파견된 긴급의료단은 일로일로주 북동쪽에 위치한 칼레스시와 에스탄시아시에서 한 달간 의료 활동을 펼쳤다. 피해는 컸지만 외부에 크게 알려지지 않은 곳이었다. 특히 긴급의료단은 보건소 분만실과 장비들이 처참하게 파괴된 악조건 속에서 현지 산모의 출산을 도와 건강한 새 생명을 받아내는 등 인도주의 활동을 펼쳤다.

하이옌이 휩쓸고 간 지 어느덧 4년이 흐른 2017년 11월 나는 필리핀으로 출장을 갔다. 감사 부서에 근무하는 동안에는 해외 출장이 없을 거라고 생각했는데 뜻밖이었다.

하이옌이 발생하고 대한적십자사는 국내에서 기부모금 창구를 개설했고, 기간 중 89억 원의 기부금품이 모집됐다. 이 기부금품은 필리핀적십자사를 통한 양자 지원, 국제적십자사연맹을 통한 다자 지원 방식으로 긴급구호 활동, 재건복구 사업 등에 4년간 집행됐다.

나는 기금이 현지에서 계획대로 집행됐는지 최종 모니터링하기 위해 주무 부서인 재난구호팀장과 동기인 과장, 감사팀장과 동행했다. 짧은 일정에 장거리 이동이 많은 출장이었다. 2일 차에는 세부시티 산레미지오에 있는 이재민 임시 거처를 방문해 생계지원 사업을 확인했고, 3일 차에는 일로일로주에 있는 파시 지역 재난통합센터와 파시지사(혈액센터 포함) 건설 추진 상황을 점검했다. 4일 차에는 칼레스시의 의료, 교육지원 사업 현장을 살펴볼 예정이었다.

그런데 4일 차를 앞두고 필리핀적십자사 직원이 흥미로운 말을 했다. "2013년 태풍 때 태어났던 그 아이 있잖아요. 그 아이 부모가 한국에 감사해 아이 이름을 '코리아나'라고 지었대요." 아이 이름에 '코리아'가 들어가다니. 우리는 4일 차에 칼레스 보건소를 살펴본 후 비눌루앙간 초등학교를 들른 다음 코리아나가 산다는 섬에 가서 아이를 보고 오기로 했다. 당일은 바람도 불었고, 파도도 거셌다. 하지만 또다시 갈 수 없는 길이었다. 동력선을 타고 거센 파도를 헤치며 30여 분을 이동해 코리아나가 산다는 투빅나녹섬에 도착했다. 동력선이 정박할 부두가 없어서 바다 위에 배를 멈추고 다시 노를 젓는 작은 배에 옮겨 타고 나서야 섬에 발을 디딜 수 있었다.

코리아나의 집은 섬 중턱에 있었다. 우리는 산길을 따라 걸어 올랐다. 드디어 코리아나가 사는 집에 도착했다. 마을 어른들과 아이들이 무슨 일인가 궁금해서인지 주변으로 모여들었다. 꼬맹이들은 주변 나무에 올라가거나 벽 뒤에 숨어 신기한 듯 구경했다. 필리핀 적십자사 직원이 집 안으로 들어가 얘기를 했고, 잠시 뒤에 코리아나가 엄마와 함께 집 밖으로 모습을 드러냈다.

그러나 우리는 코리아나의 얼굴을 제대로 볼 수 없었다. 낯선 사람들이 한꺼번에 찾아와 자신에게 관심을 보이니 다섯 살배기 아이 입장에서는 얼마나 겁이 났을까. 코리아나는 엄마 품에 안겨 떨어지려 하지 않았다. 엄마 가슴에 얼굴을 묻고 울먹이기만 했다. 우리는 어쩔 수 없이 코리아나의 엄마와 인터뷰했다. 그리고 건강하게 잘 자라고 있음을 알게 된 것에 만족할 수밖에 없었다.

우리 출장팀 여섯 명은 각자 출장비에서 조금씩 거둬 코리아나를 위한 장학금을 전달하고 헤어졌다. 긴급의료단의 손에 의해 태어나고, 4년이 지나서 점검단을 통해 다시 인연이 이어진 아이. 코리아

나는 커가면서 자신의 이름의 의미를 알아갈 것이다. 자신의 이름을 좋아하고 한국에 대한 좋은 인상을 앞으로도 계속 가져가길 멀리서나마 바랐다.

캄보디아로 떠난 첫 해외 봉사

2011년은 특별한 해였다. KBS와 사회복지공동모금회가 매년 진행하던 방송 모금을 대한적십자사가 한 해 맡게 됐다. 적십자회비 모금액 외에 방송 기부금이 추가로 생기면서 우리는 새롭고 다양한 프로그램을 추진할 수 있었다. 그때 봉사회 충북도협의회에서 해외 봉사를 제안해 왔다. 봉사자의 경비는 참가자 개별로 낼 테니, 방송 모금액에서 사업비를 지원받아 지사 차원에서 해외 봉사를 처음으로 추진해 보자는 제안이었다. 방송 모금액에서 경비를 크게 지원한다면 뒷말이 나올 수 있겠지만, 이 경우는 오해의 소지가 없었다. 해외 봉사를 통해 우리의 사업 역량을 높일 수 있고, 봉사자는 견문도 넓히고 새로운 동기를 얻는 계기가 될 것이라고 생각했다.

'그럼 어느 나라로 가지?'

볼런투어 프로그램을 염두에 두지 않을 수 없었다. 볼런투어란 자원봉사를 뜻하는 'volunteer'와 여행을 뜻하는 'tour'가 결합된 말이다. 여러 국가를 고려하다가 동남아시아 국가 중 캄보디아를 봉사지로 정했다. 인터넷으로 '해외 봉사'를 검색해서 블로그나 기사를 여러 개 읽어봤는데, 생색내기용으로 전달식만 잠깐 하고 끝냈을 것 같은 프로그램들이 보였다. 그래서는 안 될 일이었다. 봉사회 사무국장님과 실무를 논의하면서 현지에서의 시간을 봉사 활동으로 의미 있게 보내자는 데 의견을 모았다.

계획에 캄보디아에서 충북으로 시집온 다문화여성과 그 가족의 무료 친정 방문도 포함시켰다. 기금 승인을 받기 위해서 '캄보디아 다문화가정 모국 방문 및 해외 봉사' 기획안을 만들어 지역사업국인 KBS청주방송총국에 제출했다. 기획안이 통과됐고, KBS청주 직원들도 참여하고 싶다고 해서 방송 스태프 두 명을 포함해 직원 다섯 명이 함께 해외 봉사에 동참하기로 결정됐.

2011년 8월에 출발하기로 일정을 확정했다. 이제 남은 준비 기간은 6개월. 사전답사를 갈 수 있는 상황이 아니었기 때문에 빈틈이 발생하지 않도록 준비를 잘해야 했다. '현지 적십자사 방문 및 견학(봉사) 프로그램'은 본사 국제협력팀을 통해서 추진했다. 봉사 프로그램(우물, 급식 등)은 현지에서 오랫동안 활동 중인 비영리단체를 통해서 알아보았다. 일정들이 하나씩 확정됐다. 모국을 방문할 다문화가정은 지역 다문화가족지원센터에서 추천받은 대상자 가운데 최근 방문 기간, 가계소득 등을 종합 검토해 최종 네 가구를 선정했다.

봉사회는 현지인들에게 전달할 지원 물품을 주변에서 기부받기 시작했다. 무더운 나라이니 두꺼운 외투는 필요가 없지만 속옷은 얼마든지 현지에서 입을 수 있다. 봉사회의 노력으로 속옷 세트

1000여 벌이 후원품으로 접수됐다. 또한 가정 상비약 등 간편 의약품도 후원받았다. RCY 단원들이 지난 연말에 제작한 우정의 선물 상자(문구류, 공책 등) 100세트도 캄보디아 아이들에게 전달할 물품으로 확정됐다.

2011년 8월 24일 충북적십자사 강당에서 봉사원과 직원 등 열아홉 명, KBS 봉사원 다섯 명, 다문화가족 네 가구 열네 명으로 구성된 해외 봉사단 발대식을 가졌다. 충북적십자 62년 역사상 처음 있는 일이었다. 무더운 날씨였지만 먼 길을 떠나는 봉사자들을 격려하고 응원하기 위해 많은 분이 자리했다. 발대식이 끝나고 해외 봉사단은 물품을 버스에 옮겨 싣고 인천국제공항으로 출발했다.

적십자에서 근무하기 때문일까. 나는 적십자 조끼를 입으면 당당해지는 기분이다. 봉사원은 전통의 노란 봉사원복을 입고 있을 때 가장 아름다워 보인다. 해외 봉사단이 적십자 마크가 달린 조끼와 모자를 일제히 쓰고 공항에 등장하니 여기저기서 호기심 어린 눈으로 쳐다봤다. 적십자는 만국 공통의 브랜드라 외국인이 보아도 '아, 해외 봉사 가는구나'라고 생각하지 않았을까. 그렇게 우리는 인천국제공항을 떠나 5시간의 비행을 거쳐 캄보디아 프놈펜에 무사히 도착했다.

이튿날부터 본격적으로 활동이 시작됐다. 봉사단은 숙소에서 1시간 정도 떨어진 프놈펜밥퍼공동체를 향했다. 근방까지는 쉽게 찾아갔다. 현지 가이드와 현지인 운전기사까지 있었지만, 막상 프놈펜밥퍼공동체를 찾는 일은 쉽지 않았다. 여러 차례 전화하고 나서야 가까스로 목적지에 도착했다.

현지 목사님이 운영하는 프놈펜밥퍼공동체에서 봉사단은 급식을 준비했다. 봉사원들은 한국에서도 매주, 매달 급식을 해오던 터라 일은 척척 진행됐다. 프놈펜밥퍼공동체가 빈민촌과 붙어 있어 식사가 준비되는 사이 주변에 사는 아이들과 어른들이 호기심에 모여들었다. 급식조가 아닌 봉사원들은 상처 난 사람들을 간단하게 치료하고 머리도 감겨주었다. 아이들 머리에 이가 많았다. 어릴 적 어머니가 참빗으로 이를 털어내 손톱으로 톡톡 잡던 기억이 떠올랐다. 까무스름한 피부에 크고 맑은 눈망울을 가진 아이들이 참 예뻤다.

식사 준비가 끝났다. 봉사원들은 정성으로 만든 음식을 식판에 담았고, 무릎을 낮춰 아이들 눈높이에서 한 명씩 점심을 전달했다. 아동용 속옷과 사탕도 주었다. 봉사원의 얼굴에는 구슬땀이 흘렀지만, 표정은 더없이 행복해 보였다. 급식 봉사를 마친 뒤에는 방송팀과 친정 방문을 한 킴스레앙 씨 집을 방문했다. 신경 쓰지 말라고 했으나 바나나와 코코아 등 현지 음식을 대접받았다. 현지 주거 문화를 구경할 수 있는 좋은 기회이기도 했다. 킴스레앙 씨에게 남은 시간 친정에서 잘 보내고 돌아오시라고 인사하고 헤어졌다.

셋째 날 봉사단은 캄보디아적십자 프놈펜지사와 맬리스 심리사회적지지센터PSSC를 차례로 방문했다. 기관을 방문할 때면 갖춰야 할 최소한의 격식이 있어 약간 긴장됐다. 우리가 캄보디아 말을 아는 것도 아니고 영어로 의사소통을 해야 하는 것도 부담이었다. 우리는 프놈펜지사에서 캄보디아적십자사가 하는 사업을 소개받고, 준비해 간 CPR 키트와 의약품, 속옷 세트, 우정의 선물상자를 전달했다.

이어서 맬리스 심리사회적지지센터에 갔다. 맬리스 센터는 프랑스적십자사와 캄보디아적십자사가 프랑스 해외개발 원조기구의 지원을 받아 설립한 시설이다. 심리적 지지, 도서관 운영, 문화 활동 프로그램을 담당하고 있었다. 아이들을 총 350여 명 관리하고 있었다. 이날은 70여 명의 아이들이 자리했다. 아이들 중에는 에이즈에 감염된 아이들도 있어서 언행에 특히 조심해야 한다는 주의를 들었다. 프랑스적십자사 대표단의 기관 설명을 듣고 시설을 견학했다. 아이들의 캄보디아 전통춤 공연을 본 뒤 아이들에게 학용품을 전달했다.

넷째 날은 우물 전달식이 있는 날이었다. 프놈펜에서 차를 타고 남쪽으로 쉬지 않고 2시간을 달려가 캄포트주의 칸달 마을에 도착했다. 하늘이 정말 맑았다. 버스를 타고 가다가 진입하기 어려운 비포장도로에선 트럭을 개조한 차량에 옮겨 타고 들어갔다. 봉사원들은 전기도, 수도도 들어오지 않는 이곳 마을을 보더니 마치 한국의 60~70년대 같다고들 말했다. 한 집만 그런 게 아니라 다들 그렇게 살고 있었다.

캄보디아에서는 물을 잘못 먹으면 배탈이 난다고 했다. 석회질이 많기 때문이다. 물이 식수로 적합하지 않으니 영유아 사망률도 높았다. 그래서인지 비가 올 때마다 물을 받아 쓰거나 마시는 용도로 담아둘 항아리가 집집마다 보였다. 정말 우물이 필요했다. 장비가 좋으면 관정을 깊게 파서 전기로 물을 끌어올리면 되겠지만, 장비가 접근할 수 있는 도로도 아닐뿐더러 고장 나면 쉽게 고칠 수도 없었다.

봉사단은 현지에서 우물 마무리 작업을 시공한 뒤 전달식을 했다. 그리고 인근 학교로 이동해 마을 주민과 만났다. 운동장에 빈자리가 없을 정도로 사람들이 꽉 찼다. 봉사단은 준비한 과자와 속옷을 전달했다. 한 번의 관심과 방문만이 아니라 지속적인 지원이 필요하다는 생각을 했다. 그렇게 3일간의 해외 봉사를 마무리했다.

마지막 날은 현지 문화를 체험하는 시간을 가졌다. 킬링필드라는 잔혹한 역사에 가슴이 아팠고, 앙코르와트라는 아름다운 세계문화유산에 감탄했다. 그리고 우리는 이 모든 걸 뒤로 한 채 귀국하기 위해 프놈펜공항으로 향했다. 공항에 도착하니 발 디딜 틈도 없이 사람들로 가득했다. 무슨 비상사태라도 생긴 줄 알았다. 알고 보니 우리가 탈 비행기에 한국으로 직업 연수를 떠나는 캄보디아 청년들 100여 명이 함께 탈 예정이라고 했다. 누군가의 아들이고, 남편이고, 가족일 청년들. 이들을 배웅하기 위해 온 가족들이 공항에 나온 것이다. 그 옛날 가족을 광부나 간호사로 파독했을 때 우리의 공항도 이처럼 눈물바다였을 텐데 생각하니 마음이 찡했다.

충북적십자사 62년 역사상 최초로 떠난 해외 봉사는 현지 활동을 무사히 마치고 아픈 사람 하나 없이 귀환하면서 끝이 났다. 떠나기 전과 돌아온 후 우리는 무엇이 달라졌을까. 돌아오는 우리의 양손은 가벼워졌지만, 우리의 마음은 온기로 가득 채워져 있었다.

이상한 영어 교실

2010년 가을, 학교에서 영어를 가르친다는 한 미국인의 연락을 받았다. 북한이탈주민에 관심이 많아 봉사 활동으로 그들에게 영어를 가르치고 싶다고 했다. 마다할 이유가 없었다. 그런데 그는 얼마 지나지 않아 다른 지역으로 전근 간다고 연락해 왔다. 이대로 무산되나 싶었는데, 그가 다른 친구를 소개했다.

"안녕하세요. 저는 에이미입니다."

그녀는 풀브라이트 재단 장학생으로, 청주의 한 공립 고교에서 영어를 가르쳤다. 미국 뉴욕 출신으로 예일대학을 졸업한 수재였다. 그 역시 북한이탈주민의 인권에 관심이 많다고 했다. 자라면서 어머니의 영향을 많이 받았는데, 어머니가 유엔본부에 근무해서 어릴 적부터 사회적 약자를 돕는 일에 관심을 가졌다고 했다.

2010년 11월 5일 북한이탈주민 영어 교실이 문을 열었다. 매주 수요일과 금요일 두 번 수업을 열었다. 에이미를 시작으로 원어민 영어 교사가 여섯 명으로 늘어났다. 자원봉사자들은 두 명씩 짝을 이뤄 봉사 활동에 참여했다. 에이미와 클라라가 제일 많이 왔지만,

일이 있을 땐 돌아가면서 방문했다.

그런데 문제가 있었다. 학생이 너무 적었다. 북한이탈주민은 외래어에도 어려움을 토로하는 사람들이다. 생활 교육에도 교육생 참여가 저조한데, 영어 수업을 들으러 올 사람은 더욱 드물었다. 처음에는 북한이탈주민 두 명에 원어민 교사 세 명이 함께 1시간 30분 영어 수업을 했다. 그러다가 한 학생이 안 와서 북한이탈주민 한 명에 원어민 교사 두 명이 수업을 했다. 영어를 공부하는 한국 학생이라면 원어민 영어 강사에게 돈을 내고서라도 배운다. 원어민 영어 교사가 두 명이나 와서 무료로 영어를 가르쳐준다는데도 불구하고, 수업을 들을 만한 북한이탈주민을 찾기 어려웠다. 마지막 남은 학생도 대학 진학이 결정되면서 북한이탈주민 영어 교실은 멈출 수밖에 없었다.

영어 교실은 부득이하게 운영할 수 없지만, 나는 원어민 교사들에게 적십자 활동도 보여주고 북한이탈주민과의 다른 만남도 주선하고 싶었다. 때마침 장미봉사회가 10주년을 맞이해 강원도 삼척, 강릉 지역으로 북한이탈주민을 견학시키는 프로그램을 계획했다. 봉사회에서 허락해 주셔서 원어민 영어 교사들도 견학에 참여하기로 했다.

행사 날인 2011년 4월 30일은 새벽부터 비가 억수같이 쏟아졌다. 그 비를 뚫고 세 명의 친구가 왔다. 참가자들은 강릉에 도착해서 북한 잠수함도 보고, 정동진 바다가 보이는 멋진 식당에서 맛있는 식사도 하고, 정동진 백사장에서 게임도 즐겼다. 북한이탈주민과 원어민 영어 교사, 봉사원들 모두 신나서 열심히 했다. 언어가 달라도, 외모가 달라도, 국적이 달라도 서로 따뜻한 마음으로 통하는구나 싶었다.

북한이탈주민 사업은 이후 그리 오래가지 못했다. 북한이탈주민 지역 적응을 돕던 충북하나센터는 3년 위탁 기간이 끝난 뒤 타 기관으로 이관됐다. 2005년부터 적십자가 맡아서 하던 북한이탈주민 정착 도우미 활동도 정책적으로 종료되면서 소수 기관과 개별 봉사 활동을 제외한 활동이 마감됐다.

예상되는 어려움에도 불구하고 적십자가 초기 북한이탈주민 지원에 앞장섰던 건 통일 시대를 대비해 남북을 잇는 역할이 우리에게 주어진 사명이라고 여기기 때문이다. 북한이탈주민 활동은 없어졌지만, 우리의 행동 강령에는 여전히 '북측 주민'이 '고객'으로 명시되어 있다. 그러고 보니 북측 주민이 고객인 그런 회사가 얼마나 있을까.

사할린 동포의 방문

어릴 적 방학에 시골 외갓집에 가면 식구들이 많았다. 외삼촌, 외숙모, 외사촌들이 있었고, 나이 지긋한 어른들도 계셨다. 증조외할머니와 외할아버지, 외할머니 그리고 큰할머니라 부르는 어른 한 분이 계셨다. 큰할머니는 작은 체구에, 얼굴 주름은 깊고, 허리는 구부정했다. 평소 말씀은 없으시고 가끔 집 마당 귀퉁이에서 담배를 태우셨다.

알고 보니 큰할머니는 외할아버지의 형수님이셨다. 큰할머니는 20대 때 남편이 사할린으로 떠나고 딸과 함께 시댁에서 줄곧 사셨다. 남편 없는 시댁에서 큰소리 내지 못하고 남편이 돌아오기를 기다린 세월이 얼마나 길었을까. 아마도 담배는 긴 기다림의 고통을 견디게 해주는 진통제였을지도 모른다. 외할아버지는 형님의 빈자리를 대신해 집안의 장남 역할을 하셨다. 작은외삼촌은 아들 없는 큰할머니네 양아들 역할을 하셨다. 큰할머니는 외동딸을 시집보내고도 외갓집에 내내 같이 사셨다.

가족들은 사할린에 계신 큰할아버지의 생사를 알고자 백방으로

사할린동포 영주 귀국 장면. ⓒ대한적십자사

수소문했다. 현지에서 큰할아버지를 알고 지냈다는 분을 한국에서 어렵사리 만나 큰할아버지가 사할린에서 돌아가셨다는 얘기를 들었을 뿐 구체적으로 어디에 묻히셨는지는 끝내 알지 못했다.

자라면서 이런 얘기를 들어서 그런지 나는 사할린이란 곳이 어디에 있는지는 몰라도 낯설지는 않았다. 그래서인지 충북 지역으로 영주 귀국하는 사할린 동포 지원 업무가 내게 떨어졌을 때 힘들겠다는 걱정보다는 오히려 어떤 사람들일지 궁금하고 관심이 갔다.

영주 귀국을 준비하는 과정에서 우리의 역할은 크게 세 가지였다. 먼저 사할린 동포가 오게 될 공공아파트가 확정되면 봉사원이 세대 내부를 깔끔하게 청소한다. 일정에 따라 가구, 비품이 잘 들어오는지를 확인한다. 다음으로 캠프를 3개월간 운영해 신분증 발급, 기초수급 신청, 계좌 개설, 건강검진, 마을 안내, 시장 보기 등을 하나하나 지원한다. 마지막으로 3개월 캠프 종료 후에는 지역 봉사회와 연계하여 지원 프로그램을 운영하는 등 현지 적응을 돕는다. 이민자의 초기 정착을 돕는 과정과 같다.

2009년 11월 사할린 동포 35세대 70명이 음성 지역에 왔다. 지역 봉사회와의 협력 덕분에 어렵긴 했어도 일이 잘 마무리됐다. 그중에서 기억에 남는 분이 있다. 당시 봉사회 총무부장을 맡았던 봉사원이다. 그는 사할린 동포와 관련된 일이라면 밤낮없이 앞장섰다. 영주 귀국 이후에도 장례, 병원 입원 등 사할린 동포에게 문제가 생길 때마다 해결사 역할을 자처했다.

곧이어 2010년 2월 제천으로 60세대 120명이 귀국하는 사업이 한 번 더 이어졌다. 음성 지역 때 경험을 살리고 미비점을 보완해 사업이 훌륭하게 진행됐다. 무엇보다 지자체와 봉사회 그리고 사무국의 협업이 너무 좋았다. 이때 나도 처음으로 사할린을 방문했다. 외종조부가 묻혀 계신 곳. 한인 디아스포라 위령탑 앞에서 마음으로 고개 숙여 기도했다. 한국에서 보지 못한 엄청난 양의 눈을 보면서 왜 이곳을 '춥고 긴 동토의 땅'이라고 부르는지 알 것 같았다. 적십자의 일원이 아니었다면, 내게 그 업무가 맡겨지지 않았더라면 경험해 볼 수 없었을 일이었다.

두 번의 영주 귀국을 직접 진행하면서 나는 의욕적으로 일했다. 2013년 구호복지팀을 떠날 때까지 음성과 제천 그리고 2008년에 먼저 귀국한 청주 오송까지 묶어서 사할린 동포를 최대한 지원했다. 하지만 우리의 역할은 어디까지나 초기 정착에 맞춰져 있어서 한계가 있었다. 사할린 동포는 수급권을 갖고 있어 마땅한 일자리를 가질 수 없었다. 동포들끼리 모여 있어 지역사회와의 소통도 어려웠다. 간간이 슬픈 소식도 들려왔다. 질병으로 돌아가시거나 우울증과 외로움으로 사할린 동포 스스로 목숨을 끊는 일이 생기기도 했다.

우리 안에 살지만 정작 잘 알지 못하는 사람들. 사할린 동포도 그런 사람들이다. 그나마 다행스러운 점은 사할린 동포를 지원하는 법률이 만들어졌다는 것이다. 제도와 함께 정서적인 지원도 강화돼 사할린 동포의 노후가 행복했으면 좋겠다. 하늘나라에서 큰할머니는 큰할아버지를 만나셨을까. 이생에서 못다 한 이야기를 그곳에서라도 나누셨기를 마음 깊이 희망한다.

제주4·3사건과 국제인도법

제주4·3사건은 "1947년 3월 1일 경찰의 발포 사건을 기점으로 하여, 경찰·서북청년단의 탄압에 대한 저항과 단선·단정 반대를 기치로 1948년 4월 3일 남로당 제주도당 무장대가 무장봉기한 이래 1954년 9월 21일 한라산 금족 지역이 전면 개방될 때까지 제주도에서 발생한 무장대와 토벌대 간의 무력 충돌과 토벌대의 진압 과정에서 수많은 주민이 희생당한 사건"+을 말한다. 당시 제주 인구가 약 28만 명이었는데 희생자가 2만 5000명에서 3만 명으로 추정된다. 열 명 가운데 한 명이 목숨을 잃은 비극적인 사건이었다.

제주4·3사건을 처음 알게 된 것은 대학교 2학년 때 현기영의 소설집《순이삼촌》을 처음 읽고서였다. 소설을 읽는데 내용이 너무나 사실적이라 놀랐다. 진실을 폭로하는 소설이었다. 잔혹한 무력 행위에 소스라치고, 가슴 아픈 역사에 마음 한편이 아렸다.

책만 읽고 잊고 지내다가 2013년 2월 아내 직장 지인과 가족 여

✤ 제주4·3평화재단 누리집.

행으로 제주4·3 기행을 다녀오게 됐다. 책과 답사를 좋아하는 이들의 모임에 나도 동행한 참이었다. 현지 해설사도 한 분 미리 섭외한 상태였다. 제주에 있는 중학교에서 역사를 가르치시는 선생님이었는데, 알고 보니 청소년적십자 지도 교사로도 오랫동안 활동했단다.

우리는 해설사 선생님의 안내에 따라 제주4·3평화기념관, 평화공원, 목시물굴, 낙선동 성터, 북촌초등학교, 애기무덤 순으로 답사했다. 첫 방문지인 평화기념관에서는 제주4·3사건의 과정을 듣고, 당시 사건을 기념해 제작된 작품을 보았다. 평화공원에서는 희생자 이름이 빼곡히 적힌 희생자비와 아이를 끌어안은 채 죽은 어머니를 형상화한 작품을 볼 수 있었다. 목시물굴은 토벌대를 피해 마을 주민 200여 명이 숨어 지냈던 동굴이었다. 토벌대가 주민들에게 나오라고 총을 쏘고 수류탄을 던졌다고… 해설사 선생님이 설명하던 중 감정이 북받쳐 눈물을 보여 우리도 숙연해졌다. 낙선동 성터에서는 한 할아버지가 우릴 보고 다가왔다. 할아버지는 당시 열일곱 살이었다면서 그때 상황을 생생히 들려주었다. 마지막으로 소설 《순이삼촌》의 무대였던 북촌리에서는 너븐숭이 기념관을 찾았다. 죽은 엄마의 젖을 빠는 아이를 그린 강요배 화백의 작품 〈젖먹이〉를 보니 참담한 마음이 들었다. 관광지로 익숙한 제주도에 이렇게 아픈 역사가 있었음을 새삼 느낄 수 있었다.

답사하는 동안 내 머릿속에는 한 가지 생각이 계속 맴돌았다. '왜 이들은 국제인도법의 보호를 받지 못했을까?' 적십자에서는 국제인도법을 보급하는 활동을 하기에 드는 생각이었다.

국제인도법International Humanitarian Law은 무력 충돌이 일어났을 때 전투 능력을 상실했거나 적대 행위에 가담하지 않은 사람들에 대하여 국적, 인종, 종교, 계급, 정치적 견해 등에 따른 어떠한 차별 없이 그들의 생명을 보호하고 존엄성을 보장하기 위해 만들어진 법이다. 이탈리아 솔페리노 전투에서 전쟁의 참상을 목격한 적십자의 아버지 장 앙리 뒤낭의 제안으로 국제인도법이 시작됐다. 1949년 민간인 보호에 관한 제네바협약이 추가돼 민간인이 보호되어야 함에도 불구하고 1954년까지 민간인 희생이 계속 이어졌다는 사실이 안타까웠다.

이런 비극은 다시 반복되어선 안 될 것이다. 어떤 이유라도 민간인에 대한 무력이 용인되어선 안 된다. 평화야말로 우리가 추구하는 대명제가 아닌가.

라면은 공짜[+]

적십자에서 일하는 사람이라면 각자 잊을 수 없는 재난 현장이 하나쯤 있다. 그 현장에 한 걸음 가까이 들어가 보면 몸은 힘들어도 느끼는 바가 많다. 나 역시 입사하고 여러 현장을 다녔다. 그중에서 하나를 꼽는다면 2004년 3월 폭설 피해 현장이 기억에 남는다.

2004년 3월 5일과 6일 이틀에 걸쳐 내린 폭설은 3월 하루 적설량 가운데 최고를 기록했다. 무려 40센티미터가 넘는 눈이 내렸다. 3월에 내리는 눈은 결코 낭만이 아니었다. 35시간 넘게 내린 눈으로 비닐하우스는 폭삭 주저앉았고, 고속도로 위 차량 탑승자들은 고립됐다. 중부고속도로 청주 주변 차들은 폭설 때문에 앞으로 나아가지도 뒤로 돌아가지도 못하는 암담한 상황에 놓였다. 사람들은 차 안에서 추위에 떨며 이 시간이 빨리 지나기만을 기다릴 수밖에 없었다.

[+] 이 글은 대한적십자사 창립 110주년 에세이집 《My Story is Our History》에 〈재난 현장 속으로〉라는 제목으로 수록됐다.

신참 직원이었던 나는 선배, 봉사원과 함께 추이를 지켜보며 지사에서 대기하고 있었다. 컴컴한 어둠이 내릴 무렵, 서청주IC로 출동하라는 명령을 받았다. 2.5톤 급식 차량에 컵라면, 빵, 생수 등을 가득 싣고 출발했다. 막상 IC 입구에 도착했을 때 눈앞에 펼쳐진 광경을 보고는 놀라움을 금치 못했다. 동시에 막막함도 밀려왔다. 도로는 이미 무릎 높이만큼 눈이 덮였다. 차가 올라갈 수 있는 상황이 아니었다. 방법을 찾아야 했다. 한국도로공사 사무실로 달려가 협조를 구하고, 리어카 한 대를 빌려왔다. 리어카에 취사도구와 가스통, 구호품을 가득 싣고서 눈 덮인 오르막길을 올랐다. 내가 리어카를 앞에서 끌고 봉사원이 뒤에서 밀었다. 눈길을 헤치고 올라가려니 평소보다 몇 배나 힘이 더 들었다. 가까스로 고속도로 위에 올랐을 때 추위에도 불구하고 온몸이 땀으로 흠뻑 젖어 있었다.

자리를 잡고 구호품들을 하나씩 도로로 내린 뒤 물을 끓이기 시작했다. 다른 직원들과 봉사원들도 뒤따라 집결했다. 고속도로가 꽉 막혀 있어 차량 운전자들은 차를 버리고 쉬러 갈 수도 없었다. 추위에 히터를 계속 돌리다 보니 그나마 남은 기름마저 떨어져 가는 상황이었다. 우리는 한시라도 빨리 컵라면과 빵으로 사람들의 허기를 채워주고 그들을 안심시켜 드리고 싶었다. 준비를 마치고 기다리는데, 운전자들이 차 밖으로 나오지 않았다. 알고 보니 우리를 음식 팔러 나온 장사꾼으로 안 것이다. 컵라면과 빵을 양손에 들고 직원과 봉사원은 일일이 차량 운전석을 두드리며 "안녕하세요. 힘드시죠?

적십자사에서 나왔습니다. 이 물품은 선생님이 내신 적십자회비로 마련한 거니 맛있게 드세요"라고 안내했다. 그제야 운전자들은 감사 인사와 함께 우리가 내민 구호의 손길을 따뜻하게 받아줬다.

저녁 무렵부터 시작된 이날 구호는 중부고속도로 서청주IC와 오창IC 일대를 번갈아 가며 진행됐다. 다음 날 새벽이 되어서야 우리는 철수할 수 있었다.

재난 현장에 가보면 적십자가 존재하는 이유가 보인다. 사람들이 얼마나 우리의 도움을 필요로 하는지 알게 된다. 세월이 흘러도 재난은 계속 일어난다. 그리고 적십자는 구호에 나선다. 오늘따라 내 가슴을 뛰게 한 그 말이 더욱 떠오른다.

"가자, 재난이 있는 곳으로!"

따뜻한 밥 한 끼

재난이 나면 누가 구호 활동에 나설까? 소방관, 경찰관, 군인, 공무원, 적십자 등 다양한 재난 관련 기관 종사자와 자원봉사자가 현장 복구에 나선다. 그들은 재난 상황을 조기에 대응하기 위해 온갖 노력을 다한다.

그렇다면 재난 현장에 나선 수많은 유관 기관 종사자와 자원봉사자는 어떻게 활동 중에 식사를 해결할까? 적은 인원이라면 미리 챙겨 간 도시락을 먹든지 인근 식당을 이용하든지 자체적으로 알아서 끼니를 해결한다. 대규모 인원이 투입되는 경우라면 상황이 달라진다. 지원 요청을 받은 적십자사가 이동 급식 차량을 현장에 보내 식사를 제공한다. 전국 지사별로 한 대씩 보유하고 있는 5톤 규모 이동 급식 차량에는 시간당 500명의 밥과 국을 만들 수 있는 장비가 갖춰져 있다.

구호 활동에 참여해 본 경험이 있다면 적십자 이동 급식 차량에서 만든 구호 급식을 한 번쯤 접해 보았을 것이다. 2023년 7월부터 8월까지 중부 지방에 내린 집중호우 피해 때에는 충북 청주, 괴산,

경북 예천 등 총 스물세 지역 이재민 포함 2만여 명에게 급식이 제공됐다. 청주 오송 궁평2지하차도 참사 때에도 충북적십자사는 현장 인력에게 구호 급식을 지원했다. 궁평2지하차도는 일반 주택지가 아니었기 때문에 수도를 끌어올 수 없어서 직원과 자원봉사자들이 생수를 옮기고 일일이 병을 따서 그 물로 밥도 짓고 국도 끓였다. 적십자는 구호품 전달과 재난 경험자의 심리 회복을 위한 지원 활동뿐만 아니라 구호 급식으로 현장 인력의 활동을 측면 지원하는 역할도 오래해 왔다. 이게 다 지역의 훈련된 자원봉사자들이 재난 상황에 발 빠르게 움직였기 때문이다.

2024년에도 상황은 다르지 않았다. 7월 15일 충북 영동으로 이동 급식 차량을 급히 지원해야 할 상황이라고 연락받았을 때 나는 흔쾌히 나섰다. 보통 주임 한 명과 추가 인력 한 명이 함께 출장을 가는데, 주말마다 부서 일정이 있어 구호복지팀 직원들도 쉬지 못한 상태였다. 누군가가 대체 근무를 해야 했다. 무엇보다 이럴 때 나는 사무실에 있는 것보다 현장에 나가는 게 마음이 편한 터라 자원했다.

특별재난구역으로 지정된 영동은 비 피해가 크기도 했지만, 무엇보다 실종자가 있어서 소방과 경찰 인력이 연일 수색에 나섰다. 이 때문에 급식 차량을 지원해 달라는 요청도 다시 들어온 참이었다. 월요일 오전 7시 30분, 주임과 나는 청주 사무실에서 급식 차량에 탑승해 영동으로 출발했다. 봉사원들은 양강교 부근 공원에 식재료

1953년 부산 국제시장 화재 당시 적십자에서 운영한 이재민 급식소. ⓒ대한적십자사

를 가지고 나오기로 했다. 봉사원들은 전날 밤에 미리 마트에서 식재료를 사서 아침까지 다듬어 두었다. 우리는 현장에 도착해서 일하기 적당한 곳에 차량을 주차하고, 급식에 필요한 식기를 차에서 내리고, 불을 쓰기 위해 LPG 가스를 연결했다.

우리나라 사람들이 먹는 급식은 평소 밥과 국과 찬이 기본이다. 따뜻한 밥과 국으로 식사해야 든든하다. 이날은 식수 인원이 200명이라 봉사원들은 50인분 밥솥 네 개에 쌀을 고루 담아 물로 씻어 불린 뒤 취반기에 올렸다. 가만히 있어도 땀이 줄줄 나는 더위에도 봉사원들은 가스 불 앞에 서서 큰 솥단지에 제육볶음 고기와 썰어둔 채소를 넣고 대형 스테인리스 도비 주걱으로 익을 때까지 저었다.

그 옆 솥에다가는 반찬으로 먹을 호박을 볶았다. 점심 메뉴로 밥과 오이냉국, 제육볶음, 애호박볶음, 김치 등 갓 준비한 식사를 차려놓았다. 오전 수색을 마치고 온 인력과 밭에서 복구 활동하고 온 자원봉사자에게 음식을 배식했다.

이날은 점심으로 마무리됐지만, 재난 규모가 클 경우에는 한 끼로 식사가 끝나지 않는다. 음식을 조리하고 중간중간 다시 배식할 수 있도록 자원봉사자들이 끊이지 않고 교대로도 나와야 한다. 식단도 조금씩 다르게 준비해야 한다. 이왕이면 맛도 있고 영양도 있는 급식이 빨리빨리 제공될 수 있도록 한다. 그래서 평상시에는 구호 급식 메뉴를 개선하기 위해 고민도 많이 한다.

2023년 10월 5일 청주 올림픽기념국민생활관에서는 '적십자 구호급식 요리경연대회'가 처음으로 열렸다. 전국 열한 개 시·도 지사에서 출전팀이 참가했다. 급식 차량 열한 대가 한곳에 모였다. 구호 급식 30인분을 1시간 내에 조리하는 과제였다. 전국 각 지역의 특색 있는 요리법이 공유되는 시간이었다.

한 끼의 구호 급식에는 직원과 자원봉사자의 땀과 노력과 고민과 손맛이 담긴다. 대충해서 허투루 나가는 법이 없다. 재난에 따른 구호 활동이 존재하는 한 앞으로도 적십자 급식 차량에서는 밥 짓는 냄새가 피어오를 것이다.

게임 권하는 여자[+]

나는 게임을 좋아하지 않는다. 한때는 좋아했다. 초등학교 때 다른 아이들처럼 오락실이나 문구점 앞 오락기를 그냥 지나치는 법이 없었다. 순위표 제일 위에 내 기록을 올리기 위해 시간과 돈을 바쳤다. 중고등학교 때도 방과 후에 오락실에 갔다. 대학생이 되고 군대를 다녀온 직후에는 한창 PC방이 생겨나기 시작했다. 새로운 유형의 게임에서 또 다른 재미를 느끼고 친구와 밤새도록 게임을 했다. 특히 온라인 축구 게임을 좋아했다. 동네 대회에 나가서 입상도 했다. 그러다가 20대 중후반을 기점으로 게임에 대한 흥미가 시들해지더니, 지금은 별로 생각나지도 않는다.

그런데 자꾸 나보고 게임을 하자는 사람이 생겼다. 스마트폰에 카카오톡을 깔았더니 게임 메시지가 날아왔다. 상대는 나에게 애니팡의 세계로 들어갈 수 있는 초대장을 보내왔다. 그런데 초대한 사람이 특별했다. 다름 아닌 캄보디아 결혼 이민자였기 때문이다.

[+] 인권연대 숨 소식지에 실렸던 글이다.

내가 그녀를 알게 된 것은 2011년 여름에 실시한 해외 봉사 프로그램을 준비하면서였다. 봉사 활동에 여행을 가미한 볼런투어 프로그램으로 캄보디아 해외 봉사를 기획했다. 물이 귀한 현지에 가서 우물도 기증하고, 빈민가 아이들에게 무료 급식도 제공하고 학용품도 전달하고, 캄보디아적십자가 운영하는 아동센터를 방문하는 일정도 짰다. 여기에 충북에 거주하는 다문화가정이 모국을 방문하는 프로그램도 포함했다.

그분은 선발된 네 가족 중 일원으로 한국으로 시집와 남편과의 사이에서 두 아이를 낳아 키우며 살고 있었다. 남편은 대학까지 졸업했고, 부인에 대한 이해심도 많았다. 그분 역시 재주가 많은 사람이었다. 한국에 온 뒤 다문화가족지원센터에 꾸준히 다니다 보니 다른 결혼 이민자보다 한국말에 능숙했다. 한국 생활의 경험을 글로 써 정부 표창을 받기도 했다.

4박 6일간의 캄보디아 해외 봉사는 잘 끝났다. 봉사자들은 열악한 현지인의 삶을 보면서 봉사의 의미를 되새기는 계기가 됐다. 결혼 이민자들은 비록 짧은 일정이었지만 가족에 대한 그리움과 한국 생활의 외로움을 덜어내는 시간을 가졌다. 나는 글을 잘 쓰는 그분에게 캄보디아 방문 수기를 받아서 책에다 실었다.

그러고는 한참을 잊고 지냈다. 1년이 지났을 때, 그분이 나에게 페이스북 친구를 신청했다. 친구를 맺으니 상대가 무슨 생각을 하며 지내는지 알 수 있었다. 그녀는 페이스북에다 나에게는 한국말을, 캄보디아 친구에게 메시지를 보내거나 일상생활을 기록할 때는 영어를 썼다. 그분의 페이스북을 읽다 보니 겉으로 내가 느꼈던 것과 실제는 다소 차이가 있다는 사실을 알 수 있었다. 그분은 일상에서 "그립다", "외롭다"라는 말을 많이 썼다.

추석 때였다. 그분에게서 메시지가 왔다. 명절이 되어 친정에 가는 한국 여성을 보니 고향에 갈 수 없는 자신이 더욱 슬프게 느껴진다는 내용이었다. 안타까웠지만 당장 어떻게 도움을 줄 수도 없었다. 뭐라고 위로해야 할지도 떠오르지 않았다. 그 뒤로 그분에게서 애니팡 메시지가 날아들기 시작했다. 아마도 마음의 헛헛함을 게임으로 채우는 게 아닐까 생각했다.

업무상 당시 나는 다문화가정의 사연을 종종 접했다. 적십자 봉사원이 결혼 이민자 여성과 그 가족이 안정적으로 정착할 수 있도록 일대일 결연 봉사를 하기 때문이다. 그분은 그래도 안정적인 축에 속했다. 내가 알게 된 한 다문화가정은 남편과 부인의 나이 차가 무려 스물여섯 살이나 났다. 이런 이야기를 봉사원 교육에서 하면 탄식부터 나온다.

한번은 '다문화의 이해'를 주제로 한 특강을 들었다. 대전에서 활동한다는 강사는 마흔 살 차이가 나는 부부를 봤다고 했다. 결혼 이민자가 20대인데, 남편의 아들이 40살이란다. 거기에 초혼도 아니고 재혼도 아니고 삼혼째라고 했다. 남편의 정신 건강이 좋지 않은 경우도 있다. 남편의 경제적 능력 부족은 대부분 가정이 안고 있는 문제였다. 결혼 이민자가 본인도 적응하기 전에 덜컥 임신해 아이부터 낳다 보니, 아이들의 학습 능력도 떨어진다. 엄마는 아이들이 학교에 가도 학교에서 내주는 숙제를 돕기 어렵다. 아이들에게 엄마는 학교 숙제를 도와줄 수 없는 사람으로 여겨져 또 다른 상처를 받는다고 한다.

남편과 나이 차이가 평균 열 살 이상이다 보니 남편의 사망과 재혼 문제도 생긴다. 내가 본 한 가정은 한국인 남편과 부인이 아이를 낳고 살다가 남편이 사망하고 난 뒤 부인이 재혼을 했는데, 이 남자는 또 다른 국적의 외국인이었다. 친가와 외가의 구분이 무의미해지는 경우다.

이후에도 그분은 메시지를 보내왔다. 애니팡도, 퍼플 주주도, 캔디팡도, 카트라이더도 거절했더니, 이번엔 드래곤 플라이트다. 차라리 게임이 아닌 메시지를 나에게 보냈다면 답장이라도 했을 텐데. 생각해 보니 나도 늘 그분에게서 메시지만 받고 있었다. 이번엔 반대로 한번 해볼까? 올해가 가기 전에 내가 먼저 메시지를 보내야겠다. 우리는 친구이니까.

4월은 마음이 무거운 달

2014년 4월이었다. 나는 충북지사에서 청소년적십자 업무를 맡고 있었다. 4월 12일 중고생 단원 1000여명이 참가한 '청소년적십자 합동입단선서식'을 마쳤다. 19일에는 초등생 단원 1000여명을 데리고 '어린이적십자 합동입단선서식'을 개최할 예정이었다. 그런데 행사를 사흘 앞둔 4월 16일에 세월호 참사가 발생했다. 모두 구조됐다는 뉴스를 보고 안도했는데, 오보였다.

학생 다수가 참가한 수학여행에서 사고가 나다니, 충격이었다. 희망적인 소식이 들렸으면 하는 마음이 간절했다. 한편으로는 며칠 후에 있을 행사 걱정이 밀려왔다. 행사를 예정대로 진행할 수 있을지 아니면 취소해야 할지 회사에서도 당장 결정을 내리지 못했다. 상황을 지켜봐야 했다. 1000명 규모의 행사를 위해 장소, 차량, 보험, 보조 인력, 홍보물 등을 몇 달 전부터 하나씩 준비해 왔다. 위약금 부분도 결정을 고민하게 하는 요인이었다.

걱정이 많으면 잠이 안 온다고 하더니 정말 그랬다. 깊이 잠들지 못하고 밤새 뒤척였다. TV를 켰다 껐다 반복했고, 그렇게 밤을 보냈다. 사고 다음 날 아침부터 본사, 다른 지역 본부들, 업체들과 연락을 주고받았다. 상황이 조기에 해결되기 어려워 보여 결국 행사를 취소했다. 참가를 신청한 학교에도 급히 안내했다. 업체에서도 상황의 엄중함을 알기에 위약금 없이 취소를 받아주었다.

사고 발생 이후 청소년 단체 활동은 일체 멈췄다. 학생 대상 프로그램은 진행하기 어려운 분위기였다. 무엇보다 학생 안전에 대한 학부모들의 걱정이 클 수밖에 없었다. 학교장 승인도 기대하기 어려웠다. 누구도 언제 다시 활동이 재개될지 알 수 없었다.

그러는 사이 학생 현장체험과 관련한 안전교육 필요성이 국가적으로 대두됐다. 응급처치법, 수상안전법, 심리사회적지지 사업을 보급하는 적십자가 교육부로부터 현장체험학습 안전 과정(수학여행 안전요원 교육)을 일임받았다. 수학여행이나 해외여행, 기타 현장체험을 진행할 교원, 공무원, 여행 인솔자, 청소년지도사 등 모두가 적십자에 와서 교육받았다. 지금도 그 교육은 진행되고 있다.

재난이 터지면 축이 크게 뒤틀렸다가 시간이 지나며 대책을 찾고 조금씩 제자리를 찾는다. 세월호 참사가 발생한 지 어느새 10여 년이 흘렀다. 제도는 보완되고 안전에 대한 국민의식은 높아졌을까. 재난은 때마다 다른 얼굴을 하고 우리를 찾아온다.

T. S. 엘리엇 Thomas Stearns Eliot은 자신의 시 〈황무지 The Waste Land〉에서 "4월은 가장 잔인한 달"이라고 했다. 공교롭게도 4월만 되면 과거 일이 떠올라 마음이 무겁다. 언제쯤 그런 마음이 잔잔해질까.

적십자회비

고위공직자가 되려면 반드시 인사청문회를 거쳐야 한다. 나라를 이끌어가고 국민들에게도 모범이 되어야 할 자리이기 때문이다. 인사청문회에서는 후보자의 공직 업무 수행 능력뿐 아니라 도덕성을 검증한다.

그런데 재미있게도 인사청문회 할 때마다 도덕성 부문에서 자주 거론되는 적십자 관련 질문이 하나 있다. 바로 적십자회비 납부 여부다. 납부하면 아무 일 없이 지나가는데, 납부하지 않았으면 국회의원들의 호된 지적과 함께 "지난 ○○년간 적십자회비 납부실적 전무"와 같은 기사가 나면서 후보자들은 곤욕을 치른다.

적십자회비는 왜 인사청문회에서 자주 등장하는 '기출문제'가 됐을까? 적십자회비는 재난구호, 취약계층 지원, 안전지식 보급, 이산가족 상봉 등 인도주의 사업 수행에 쓰이는 대표적인 재원이기 때문이다. 전 국민을 대상으로 국내에서 가장 광범위하게 모금하는 까닭이 여기에 있다.

적십자회비의 역사는 적십자의 역사만큼이나 오래됐다. 1919년

상해임시정부 시절 대한적십자회에서도 재정 기틀을 확립하여 독립군을 지원하고 간호사를 양성하기 위한 기금으로 적십자회비를 모금했다. 오늘날 우리가 알고 있는 범국민운동 성격의 적십자회비 모금은 해방 이후 대한적십자사가 재조직되고 난 이후인 1949년 12월부터 시작됐다.

당시 명예총재인 이승만 대통령이 "나라마다 적십자사에 있어서 전쟁 때는 부상을 당한 군인들과 그 가족을 도와주며 평시에는 수한水旱과 기타 모든 천재에 빠진 동포들을 구제하여 주며 국제법상으로는 이웃 나라에 재난이 있을 때에 서로 구휼하나니 세계인류가 서로 구제하는 단체로는 적십자사보다 더한 기관은 없을 것이다"✢라고 시작하는 선포문을 발표했다. 상부상조하는 정신으로 100만 명 적십자 회원 모집에 십시일반 참여해 달라고 국민에게 호소했다. 그 결과 당초 목표보다 15퍼센트 초과한 115만 5413명이 모집됐고, 1억 5428만 원이 모금됐다. 그러나 1950년 6·25전쟁이 발발하면서 모금이 체계적으로 진행되기에는 어려움이 컸다. 대신 외국 적십자사의 원조를 받아 의료와 구호 부문 사업을 진척했다. 그러다가 1954년 회비 모금이 성공하면서 사업 역량을 다시 높일 수 있었다.

✢ 서기 1949년(단기 4282년) 11월 24일 〈한국적십자사에 대하야〉 명예총재 이승만 대통령 선포문 가운데.

2 멈춰서는 안 되는 일들

과거 적십자회비 포스터. ⓒ대한적십자사

1974년부터 적십자회비는 대통령 담화문에서 국무총리 담화문으로 바뀌어 진행됐다. 1970년대부터는 읍·면·동 행정기관 직원을 적십자회비 모금 위원으로 위촉하여 그들이 현장에서 현금을 수납하고 직접 영수증을 교부하는 방식으로 운영됐다. 2000년 이후부터는 세대주, 개인사업자, 법인, 단체 그리고 기타 희망자를 대상으로 금융기관 지로를 통한 자율납부제가 시행됐다. 세대를 구성하는 모든 가정에 지로용지를 보냈다가, 최근에는 그 대상 범위를 조정해 납부 이력이 있는 가정에 지로용지를 보낸다.

매년 겨울이면 적십자회비 모금 시즌이 돌아온다. 과거 적십자 지로용지 분류와 배부는 그 양이 많아 모든 직원이 달라붙어야 했다. 입사 첫해 겨울이던 2003년 12월, 나는 충북 제천시에 지로용지를 배부하러 갔다. 청주에서 차로 2시간 떨어진 제천시의 열일곱 개 읍·면·동을 업무 시간 중에 모두 방문해서 적십자회비 지로용지를 전달하고 오는 일이었다. 동(면)사무소를 방문해서 지로용지를 전하고 올해도 배부를 잘 부탁드린다고 인사하면, 그때만 해도 담당 공무원들이 "좋은 일 하시네요"라고 말하면서 음료를 한 잔씩 내어주곤 했다. 여기서는 믹스커피를, 저기서는 박카스를, 또 티백 녹차에 비타500을 건네는 터에 예의상 다 받아먹었더니, 사무실에 돌아왔을 때에는 뱃속이 온갖 음료들로 섞여서 속이 불편해 저녁을 못 먹을 지경이었다. 그래도 기분만은 뿌듯했다.

2005년부터 약 4년 반 정도는 회비 업무를 담당했었다. 연말이 다가오면 행정기관에서 세대별 자료와 주민세 자료를 받아 제외 대상을 추려 정리했다. 이 자료로 최종 지로용지를 업체에 맡겨 출력하고, 출력된 지로용지를 받아서 직원들과 각 시군 읍·면·동으로 배부하고, 읍·면·동 이·통장이 각 가정에 배부하는 절차를 진행했다. 지로용지 배부 외에도 본사에서는 명예회장인 대통령과 국회의장께 특별회비를 받는다. 지역에서는 도지사, 시장(군수), 지방의회와 연락해 특별회비 전달식 일정을 잡아 순회하면서 성금을 받는다. 기업체도 마찬가지다.

모금은 순조롭지 않을 때가 많았다. 인도주의 사업을 수행하기 위한 필요 목표 금액이 있는데 자율 모금으로 전환되고 나서부터 그 금액은 1차에 달성되지 못할 때가 많았다. 2차, 3차에 걸쳐서 납부 못 한 사람들에게 재차 모금용지를 보내곤 했다. 이장이나 통장이 배부하기 어려운 아파트는 직원들과 사회복무요원들이 함께 나가서 가가호호 우편함에 꽂아놓기도 했다. 최근에는 이런 절차가 우편으로 이루어지기 때문에 과거와 같은 배부 방식은 점차 축소되고 사라지고 있다.

　과거 적십자회비 하면 '십시일반' 모금의 상징이었다. 여러 사람이 조금씩 힘을 합하면 한 사람을 돕기 쉽다는 의미다. 독지가 한 사람의 막대한 성금보다는 같은 금액이지만 다수의 동참을 요청하는 모금이었다. 실제 가난하고 어려운 시절에 적십자로부터 직접 도움을 받거나 적십자가 하는 활동을 지켜보고 좋게 평가해서 참여하는 분이 많았다. 나는 그런 점이 좋았다. 지위고하 재산여부에 관계없이 평등하게 참여하는 모금이라고나 할까.

　어느덧 사회가 발전하면서 일률적인 기부보다는 자기 관심 분야의 기부로 옮겨갔다. 자율 납부가 자리 잡으면서 젊은 층의 적십자회비 기부도 줄었다. 이 부족분을 고액 후원으로 충당하려고 노력하는 것도 사실이다. 그래서 정기적인 후원회원 모집에 많은 공을 들이고 있다.

　아무튼 적십자회비 모금은 여전히 국민적인 모금이라 매년 겨울이면 지속한다. 모금된 금액으로 한 해 동안 인도주의 활동의 사업비와 운영비로 충당한다.

　2024년만 해도 국내에선 중부 지방 폭우 피해와 봄철 산불이 있었다. 거기에 1월 서천시장 화재, 6월 화성 아리셀 화재, 8월 인천 지하주차장 화재도 발생했다. 재난 때마다 적십자는 이 기금으로 현장에 발 빠르게 달려갔다. 멀리 국외로는 튀르키예와 시리아 지진 피해 구호, 전쟁 중인 우크라이나에 구급차 지원 등을 통해 그

역량을 다하고 있다.

　모금 집행에 있어서는 국정감사, 감사원 감사, 보건복지부 감사, 외부 회계법인 감사와 내부 감사 등 여러 절차를 통해 사업의 투명성을 검증받는다. 그런데도 불구하고 일반 사람들 마음속에 적십자의 활동이 가닿지 못하는 게 아닌가 싶어 못내 아쉽다.

　모금 방식은 시대에 따라 디지털화되는 등 계속 달라지고 발전할 것이다. 적십자회비 모금도 계속 다른 방식으로 변모할 것이다. 적십자회비가 언제까지 이어질지는 모르겠지만 그때까지 적십자회비 지로용지는 겨울 우편함에 꽂혀 있을 것이다.

헌혈 그리고 혈액의 여행

근무처가 혈액원과 같은 건물에 있어 멀리 가지 않고도 원내 헌혈의집에서 헌혈할 수 있다. "미리 예약 안 했는데 헌혈할 수 있어요?"라고 원내 헌혈실 문을 살짝 열어 얼굴만 삐죽 내밀고 간호사에게 물었더니 "괜찮아요"라며 들어오라고 했다. 하루 전이라도 예약하고 가면 혈액원에 도움이 되는 것을 알지만, 가끔은 일하다 시간이 나고 마음이 동해서 하고 싶을 때가 있다.

침상에 누워 헌혈을 마칠 무렵 "요즘도 더블이에요?"라고 간호사에게 물었다. 그랬더니 오전은 트리플로 했고, 오후에는 더블로 한단다. 암호 같은 이 대화는 '혈액백'을 두고 하는 말이다. 혈액백은 혈액을 채취할 때부터 수혈자에게 사용될 때까지 이를 보관하는 저장 용기를 말한다. 더블은 혈액백이 두 개, 트리플은 세 개, 쿼드러플은 네 개를 뜻한다. 더블(이중백)은 농축적혈구와 신선동결혈장을, 트리플(삼중백)은 농축적혈구와 신선동결혈장과 농축혈소판을, 쿼드러플(사중백)은 백혈구여과제거적혈구와 신선동결혈장과 농축혈소판을 추출할 때 사용한다. 보통의 경우라면 트리플을 가장 많이 사

헌혈의집 서울역센터 모습. ⓒ대한적십자사

용한다. 혈액 공급에도, 혈액 수입에도 효과적이다. 그런데 의정 갈등이 장기화되면서 병원 수술이 줄어들면서 혈액 사용량도 함께 줄었고, 트리플 채혈을 더블로 조절하게 됐다.

여기서 혈액의 구성을 한번 살펴보자. 적혈구는 인체 조직의 모든 세포에 산소를 운반하는 역할을 하는데, 35일까지 체외에서 보관할 수 있다. 혈소판은 손상된 혈관벽에 붙어서 혈액응고를 일으켜 피를 멎게 하고, 감염이나 염증이 있을 때 면역 작용을 한다. 보존 기한이 5일(120시간)에 불과하다. 혈장에는 생명 유지에 필요한 전해질, 영양분, 비타민, 호르몬, 효소와 항체와 혈액 응고 인자 등 중요한 단백 성분이 들어 있다. -18℃ 이하에서 1년 보관할 수 있다.

수술을 받은 환자들은 혈소판이 필요하다. 평상시라면 수술이 잦아 한 사람의 인체에서 트리플로 받아 세 성분 제제를 만들어 각기 필요한 곳에 공급하겠지만, 수술이 감소된 특별한 상황에서 트리플을 받았다가 보존 기한 안에 혈소판 공급처를 찾지 못하면 폐기해야 하는 상황이 발생한다. 그래서 수급 관리를 위해 울며 겨자 먹기로 더블로 헌혈을 받는 것이다.

워낙 특수한 상황이라 혈액 공급이 줄어드는 어쩔 수 없는 상황이지만 그럼에도 혈액은 매일 채혈되고 검사되고 제조되고 공급된다. 멈춰서는 안 되는 일이기 때문이다. 그렇다면 혈액은 헌혈자로부터 어떤 과정을 거쳐 최종 수혈자에게 전해질까?

헌혈은 헌혈 과정과 헌혈 후 처리 과정으로 나뉜다. 헌혈 과정은 헌혈자가 헌혈기록카드(전자문진)를 작성하고, 문진 간호사와 상담하고, 헌혈 버스나 헌혈의집에서 헌혈이 진행된다. 헌혈 후 처리 과정은 혈액을 입고하고, 검사하고, 제조하고, 공급하는 네 단계로 이루어진다.

채혈 현장에서 채취된 헌혈자 검체와 혈액은 지정된 혈액 및 검체 운송 절차에 따라 적정 온도를 유지해 혈액원으로 운송된다. 혈액원 검체 접수 담당자는 운송된 검체와 혈액의 숫자가 일치하는지 살피고 혈액을 입고한다. 그리고 검사센터에 검사를 의뢰한다. 헌혈한 혈액은 검사를 거쳐서 이상이 없는 경우에만 병원이나 의약품 제조용으로 나갈 수 있다. 적십자는 서울에 중앙혈액검사센터, 대전에 중부혈액검사센터, 부산에 남부혈액검사센터 등 세 개의 검사센터를 운영한다. 검사센터에서는 혈액형 검사뿐만 아니라 비예기항체 검사, 핵산증폭 검사, 매독항체 검사, 사람T세포림프친화바이러스 검사, ALT 검사 등을 진행하고 이상 유무를 살핀다.

검사 의뢰와 동시에 혈액원 제제팀에서는 입고된 혈액을 제제하기 시작한다. 삼중백과 사중백은 채혈 후 8시간 이내에 제조해야 하기 때문에 시간이 중요하다. 예를 들어 편도 2시간 떨어진 곳에 오전부터 헌혈을 나가서 채혈을 받는다면, 출장 마감까지 혈액을 보관하여 귀원하면 시간이 초과할 수 있으므로 중간중간 한두 차례 혈액을 혈액원으로 수거해서 그때그때 제조한다. 제조된 혈액 중 적혈구제제는 내부 온도가 1~6°C를 유지하는 혈액냉장고(실)에 보관하며, 혈소판제제는 내부 온도가 20~24°C를 유지하는 혈소판교반기에 보관한다. 동결혈장제제는 내부 온도가 −18°C 이하를 유지하는 혈액냉장고(실)에 보관한다. 모든 혈액제제는 정상 혈액과 미검·재검·부적격 혈액제제별로 구분하여 보존·관리된다. 보관된 혈액의 검사 결과가 이상 없으면 혈액 공급을 할 수 있다.

적격 혈액제제의 출고는 의료 기관의 요청에 따라 의료 기관에 공급하는 수혈용 출고와 혈액원 간의 재고 관리를 위한 조절출고, 그리고 혈장분획센터로 분획제제의 원료혈장을 출고하는 분획용 출고가 있다. 부적격 혈액으로 판정된 경우에는 의료 기관으로 출고해선 안 된다. 예외적으로 부적격 혈액을 출고할 수 있는 경우로는 승인받은 연구용과 시약 제조 및 품질 관리 검사용으로 공급되는 용도만 가능하다. 그 외의 모든 부적격 혈액은 의료 폐기물 처리 업체에 위탁하여 소각처리 한다.

 이처럼 의료 기관에 수혈용 혈액제제를 안정적으로 공급하기 위해서는 평상시 혈액제제별, 혈액형별로 적정한 양의 재고를 유지해야 한다. 적혈구제제는 1일 평균 출고량의 5일분이며, 혈소판제제는 1일 평균 출고량의 2일분이지만 출고 여건에 따라 재고보유량의 가변성이 크다. 보건복지부와 질병관리청 '보건의료재난(혈액 분야) 현장조치 행동 매뉴얼'에 따라 파업이나 국가 재난 및 기타 위기 상황에서의 적정 재고 유지를 위한 가이드라인이 설정되어 있다. 이에 맞춰 적십자도 위기에 대비한다.

 혈액 수급은 늘 어려움을 겪는다. 코로나 때도 3일치를 밑도는 날이 많아서 어려웠다. 학교가 방학에 들어가는 동절기나 하절기에도 늘 어렵다. 그런데 다행이랄까, 장기간 지속된 의정 갈등 속에서도 혈액보유량은 그 어느 때보다 다소 높았다. 혈액보유량이 높다고 다들 좋아하고 있을까. 그렇지 않다. 재정적인 부담도 늘어나니 큰 일이 아닐 수 없다. 빨리 제자리를 찾길 바랄 뿐이다.

3
이곳에도 배움이 있다

혈액원 직원은 헌혈할까?

헌혈 섭외를 나가서 기관 담당자와 대화를 나누다 보면 이런 질문을 받을 때가 있다. "혈액원 직원들은 다 헌혈하시죠?" 자기가 원하지 않는 일은 남에게도 시키지 말라고 공자님이 그러셨다는데, 상대 입장에서는 헌혈을 요청하러 온 사람들이 먼저 헌혈하는지 궁금하기도 하고 확인해 보고 싶은 마음도 들 것 같다.

결론부터 말하자면 나도 그런 통계를 본 적이 없어 직원들이 얼마나 헌혈하는지 정확히 모르겠다. 다만 적십자 직원들은 혈액원 내에서든 헌혈 버스이든 헌혈의집이든 어디서든지 근무지 가까이에서 헌혈을 할 수 있다. 업무 중에 헌혈하러 자리를 비운다고 눈치 주는 사람도 없다. 입사나 승진 때에는 헌혈 횟수가 가점으로 반영된다. 혈액량이 부족하면 직원들이 먼저 문진실을 찾으니 일반인 평균보다는 헌혈 횟수가 훨씬 높을 것이라고 추정한다. 아마도 불가능한 사람을 제외하고는 다 하지 않을까 싶다.

"헌혈하는 사람?"

떠오른 김에 우리 부서원에게 물어보았다. 단체에 헌혈 출장을 나가는 우리 헌혈개발팀은 여섯 명. 두 명은 건강이 나빠 약을 먹고 있어 못한다. 여직원 두 명은 헤모글로빈이 기준치를 넘나들어 될 때도 있고 안 될 때도 있다. 나와 과장님 한 명만 최근까지 헌혈했다. 사람이 하는 일이라 '모두'란 없다. 골골대면서도 헌혈하고 있는 나 자신이 기특해 속으로 씩 웃었다.

혈액원 직원이라면 헌혈은 당연히 해야 할 일이라고 생각한다. 비슷한 비유일지 모르겠지만 주류회사 직원이 자기 회사 주류를 마시고, 가전회사 직원이 자기 회사 가전을 쓰고, 자동차 회사 직원이 자기 회사 자동차를 타는 것처럼, 혈액원 직원이라면 먼저 헌혈하고 남에게 요청하는 게 기본일 것이다.

그런데 나는 왜 헌혈을 할까. 떠올려 보면 그건 혈액원 직원으로서의 책임과 의무도 있지만 그 이전에 이 사회에서 함께 살아가는 한 개인이기 때문에 헌혈한다고 생각한다. 나는 적십자를 모르던 시절부터 헌혈해 왔기 때문이다.

나는 첫 헌혈을 고등학교 2학년 때 했다. 오래전이라 그때 왜 했는지는 정확히 동기가 기억나지 않지만, 아마도 선생님이 좋은 경험이라고 권하셨고, 친구들도 많이 하고, 수업 중간에 잠시 교실을 벗어나는 '땡땡이의 즐거움'도 있어서 하지 않았을까 싶다. 고등학생 때 경험은 대학생이 되어서도, 군대에 가서도 자연스럽게 받아들여졌다. 내가 할 수 있는 최소한의 선행이란 생각이 들었다. 그 인연으로 적십자를 알게 됐고, 이 회사에 입사하게 됐다.

그렇다고 입사한 뒤로 헌혈을 자주 했다고 말하기는 어렵다. 직장 생활을 하면서 간 수치가 높아지는 등 몸 관리를 제대로 못 한 때도 있었다. 병원 진료를 받았거나 건강검진을 받은 지 얼마 되지 않아 시기가 안 맞을 때도 있었다. 내 마음이 나태해진 때도 있었다. 업무로 해외 출장을 나가게 되면서 장기간 헌혈을 못한 시기도 있었다.

2011년에는 봉사원들과 캄보디아에 갔다. 다녀왔더니 말라리아 위험 지역이라 1년간 헌혈이 제한됐다. 2017년 필리핀 태풍 구호 모니터링을 다녀왔을 때도 장기간 헌혈을 하지 못했다.

헌혈은 누구에게 보여주기 위해서 하는 일이 아니다. 그저 나와의 약속으로 하는 거다. 필요한 사람에게 혈액을 줄 수 있다는 건 아직은 내 몸이 쓸모 있고 건강하다는 의미이기도 하다. 그래서 내가 업무적으로도 남에게 당당히 권할 수 있지 싶다.

근래 들어 헌혈 루틴이 제자리를 잡아가고 있는 듯해서 다행이다. 앞으로도 나는 혈액원 직원의 한 사람으로서 헌혈을 계속할 것이다. 거기에 한 가지 더 소망하는 바가 있다면 먼 미래이지만 이 직장을 퇴직한 이후에도 건강이 허락하면 헌혈 정년이 될 때까지 계속하고 싶다. 이게 내가 생각하는 1인분의 삶이다.

한 글자 차이

한 글자 차이가 큰 차이를 만든다. 영어 간판 'Shell'에서 첫 글자 'S'가 고장 나면 정유회사가 졸지에 지옥 'hell'이 되는 것처럼.

드라마를 즐겨보는 편은 아니지만, 하루는 아이가 잠들고 '육퇴'한 밤에 TV를 틀었다가 〈낭만닥터 김사부 3〉 최종 편을 보았다. 어두운 밤 산불이 병원으로 다가오는 위급한 장면이 나왔다. 그런데 산불도 산불이지만 내 눈에는 병원 간판 하나가 불이 나가 깜빡깜빡하는 게 보였다. 병원 이름이 돌담병원인데, 마치 '돌병원'처럼 보였다. 뭐지? 돌아이 같은 의료인들이 모여서일까, 모난 돌 같은 의료인들이 모여서일까. 드라마 마지막에 미국에서 돌아온 윤서정(서현진 분)이 택시에서 내려 돌담병원으로 걸어가자, 모든 게 제자리를 찾은 듯 깜빡이던 간판이 정상적으로 켜지며 끝이 났다.

이걸 보고 나니 오래된 기억이 하나 떠올랐다. 대한적십자사는 1905년 10월 10일 빈곤한 상병자를 진료하는 병원 사업으로 시작했다. 지금도 전국에 일곱 곳의 병원을 운영하며 공공의료를 펼친다. 나는 병원에서 근무한 적은 없지만 본사에 근무할 때 전국 병원에 여러 차례 출장 다닌 적은 있다.

  2016년 말쯤 서대문에 있는 서울적십자병원에 출장을 갔다가 일이 저녁 늦게 끝났다. 충북에서 근무할 때 처장님이던 병원 부원장님이 이 동네 족발이 맛있다며 저녁 먹고 가라고 해서 함께 병원을 나왔다. 그런데 병원 간판을 올려다보다가 낮에는 보지 못한 걸 발견했다. 큰 간판 글씨 한 글자가 고장 나 불이 꺼져 있었다. 하필 고장 난 글자가 '십' 자라 '서울적자병원'으로 읽혔다. 적십자병원은 취약계층을 위한 공공의료를 시행하는 병원이라 경영 사정이 늘 어렵기 마련이다. 이런 어려움이 단적으로 드러나는 문구처럼 느껴져 안타까웠다. 다행히 얼마 지나지 않아 병원 외부 리모델링 공사를 했고, 간판도 교체됐다.

  의사이자 인류애를 실천한 인도주의자 알베르트 슈바이처Albert Schweitzer 박사는 "적십자는 어둠을 밝히는 등불이다. 이 등불이 꺼지지 않도록 지켜주는 것은 우리 모두의 의무이다"라고 말했다. 어느덧 적십자에서 근무한 지 22년이 됐다. 적십자에서 일하는 한 사람으로서 그 등불이 꺼지지 않았으면 좋겠다는 생각이다. 간판의 등불까지 포함해서 말이다.

아이는 부모를 닮는다

2023년 8월 14일은 징검다리 휴일이었다. 하루 휴가를 내면 내리 4일을 쉴 수 있는 황금 같은 휴일. 그러나 나는 휴가를 내지 못했다. 담당일 때는 눈치가 보여서 못 냈고, 팀장이 되어서는 직원들 휴가 보내고 출장 나간다고 내지 않았다.

사실 남들이 다 휴가 내고 싶어 하는 날에 근무하는 이유는 이날이 헌혈 섭외가 어려운 날이기 때문이다. 휴가도 맘 편히 떠나야 즐겁다. 그런데 다들 쉬고 싶은 날에 "어서 오십시오" 하면서 헌혈을 받아줄 기관을 찾기는 어렵다. 그래서 그날은 다른 곳으로 헌혈을 나갔다. 헌혈 버스 다섯 대 중 네 대가 지역 아파트로 출장을 갔다.

학교에서 헌혈하면 친구끼리 오고, 회사에서 헌혈하면 동료끼리 오고, 군부대에서 헌혈하면 전우끼리 온다. 아파트에서는 주로 개별로 오지만 가족끼리 오기도 한다. 내가 인솔 나간 아파트에서는 아빠와 함께 온 여섯 살 아이, 엄마와 함께 온 학생 등 총 다섯 가족이 왔다.

일단 어린아이들은 헌혈 버스에서 귀여움을 독차지한다. 아빠가 헌혈하는 동안 떨어져 기다리기란 아이에겐 쉽지 않은 일이다. 그러면 우리는 옆에서 말도 걸어주고 재밌게 놀아준다. 아빠가 아이에게 휴대폰을 주고 채혈실로 들어가서 아이 놀거리는 해결됐다. 대신 우리는 아이 먹을 과자를 하나 꺼내 주고, 점심 먹고 들어오면서 사 온 수박주스도 종이컵에 따라줬다. 아이는 30분 동안 차에서 잘 먹고 놀다가 돌아갔다. 다음에 또 와도 환영이다.

엄마와 함께 온 한 여학생은 키가 커서 고등학생인 줄 알았는데 알고 보니 중학생이었다. 엄마랑 언니 동생이라고 해도 될 정도로 성숙해 보이고, 엄마를 정말 쏙 빼닮았다. 엄마가 문진을 마치고 채혈실로 들어갈 때 간호사가 학생에게 "엄마 헌혈하는 거 구경해도 괜찮아"라고 말하니 같이 따라 들어간다. 채혈 시작만 잠시 보고 대기실로 나온 학생에게 "나중에 커서 할 수 있겠어?"라고 물으니 막상 대답은 안 한다. 하지만 엄마의 그 길을 따라가지 않을까.

엄마와 고등학생 아들도 함께 헌혈하러 왔다. 보통 이력이 있는 헌혈자에게는 헌혈 날짜와 장소를 안내하는 문자메시지가 미리 발송된다. 엄마는 얼마 전 인근 아파트에서 헌혈한다는 메시지를 받았는데 못 하셨다며 오늘은 꼭 하고 가겠다고 말씀했다. 하지만 아들은 문진을 통과하고 어머니는 탈락했다. 헤모글로빈 수치가 부족했다. 아들이 헌혈을 다 마칠 때까지 옆에서 기다린 뒤 다음을 기약하며 돌아갔다.

어릴 때부터 부모와 아이들이 헌혈 현장에 동행하면 헌혈에 대한 거부감도 없어지는 등 좋은 일이라고 생각한다. 나도 조만간 헌혈주기가 돌아올 때 아이를 헌혈센터에 같이 데려가 보려고 한다. 혈액이 담기는 채혈백은 직접 만질 수 없지만 검체 주머니는 만져볼 수 있기에 아빠의 혈액이 몸 밖으로 나왔을 때 직접 손을 대보고 '사람의 온기'를 느껴볼 수 있도록 경험시켜 줄 계획이다.

조선 시대 큰 스님 서산대사가 썼다는 "눈길 함부로 걷지 마라. 누군가의 길잡이가 될지니"라는 글귀가 있다. 아이에게 올바른 길을 걷도록 가르쳐주고 싶은 게 부모의 마음이다. 아이가 어떤 선택을 할지는 모를 일이지만, 아이들은 대개 그 부모를 닮는다는 말을 믿는다. 또한 자기 혈액을 남에게 나누는 부모의 모습을 보고 자란 아이들이 삐뚤어질 일은 없다고 생각한다.

뜨거운 폭염 아래 종일 헌혈을 했지만 예상대로 다른 날에 비해 헌혈량이 적었다. 열심히 해도 어쩔 수 없는 날도 있다. 헌혈량이 적은 날이 있으면 또 많은 날도 있기에 크게 일희일비하지 않는다. 그나저나 10월에는 진짜 황금 같은 휴일이 있는데 이를 어쩌나. 그때도 나는 휴가를 내지 않을 것 같다. 단체 헌혈 책임자로 근무하는 동안에는 휴가가 아니라 어디로 헌혈을 나갈지 고민할 것이다.

동전이 사라진다

옷 주머니에 동전 없이 다닌 지가 꽤 됐다. 현금을 쓰고 거스름돈을 받아올 때가 간혹 있지만, 집을 나설 때 동전을 챙겨 나가는 일은 거의 없다. 이제 웬만하면 신용카드나 체크카드로 결제한다. 마트에 가서도, 식당에 가서도, 택시를 타도, 서점을 가도 카드가 먼저다. 온라인은 말할 것도 없다.

최근 나는 동전을 어디에 썼을까 떠올려 봤다. 가족 모임으로 리조트에 갔다가 지하 오락실에서 딸아이 게임시켜 주느라고 동선을 썼다. 집 근처 세차장에서 물 세차하고 실내 청소하는 데 썼다. 고작 이 정도다. 동전이 이미 일상에서 멀어지고 있음을 실감한다.

한때 동전은 적십자같이 성금으로 운영되는 단체에는 요긴한 모금 재원이었다(현재도 일부 그렇다). 기부는 스스로 부담을 느끼지 않는 선에서 행하는 게 좋다. 동전 기부는 누구나 부담을 갖지 않고 손쉽게 참여할 수 있는 괜찮은 방법이다. 동전 거래가 많을 때는 식당, 고속도로 휴게소, 공항에서 수거되는 모금액이 적지 않았다. 많은 사람이 물건이나 음식을 계산하고 남은 잔돈을 모금함에 넣고 간

까닭이다. 이들은 기부금 영수증을 원하지도 않으며, 마음 가는 대로 잔돈을 기부하고 떠난다.

지난날 기부금 업무를 담당할 적에 나도 모금함 수거를 자주 했다. 모금함을 수거해서 사무실 테이블에 동전이랑 지폐를 쫙 깔아 놓고 직원들과 함께 앉아 세곤 했다. 지폐, 500원, 100원, 50원, 10원, 외국 돈⋯ 손수 계수한 뒤에 단위별로 자루에 담아서 은행에 가져갔다. 은행 직원이 기계로 계수해 주면 우리가 계산한 금액이랑 맞춰보고 이상이 없으면 기부금 계좌로 입금받는다. 이 일은 한번 앉으면 기본 반나절은 해야 해서 그때는 사무실에 동전 계수기 한 대만 있어도 좋겠다고 더러 생각했다.

연말연시 고속도로 톨게이트 모금 때도 동전이 제법 거둬졌다. 12월에서 1월 사이 집중 모금이 시작되면 봉사원들과 함께 고속도로 요금 창구에 나가 모금했다. 추운 겨울은 어려운 이웃을 생각하기 좋은 시기다. 현금으로 계산하는 창구 옆에 서서 모금통을 들고 운전자 분들에게 정중하게 인사를 했다. 잔돈을 받은 운전자들이 우리에게 거스름돈을 주고 가시면 너무 감사했다. 지폐도 종종 들어왔다. 가끔 1만 원짜리 큰 액수가 나오면 추위도 잊을 만큼 힘을 얻었다.

이런 일 이런 추억이 앞으로는 점점 사라져 갈 분위기다. 과학이 발전하면서 하이패스를 장착한 차량이 늘어났다. ○○페이처럼 전자식 지불 방식이 자리 잡으면서 이제 동전 모금은 점차 축소됐다가 없어지는 수순으로 가는 듯하다.

하루는 점심을 먹은 뒤 재원 업무를 맡은 선배와 함께 회사 주변을 걸으며 모금함 얘기를 꺼냈다.

"요즘도 고속도로 휴게소에 모금함 있죠?"

"그럼 있지."

"모금은 어때요?"

"그전보다는 잘 안 돼. 몇 번 가던 거 이제는 한 번 가는 거지 뭐."

예전에 '토큰'이란 게 있었다. 버스를 탈 때 쓰던 토큰이 다른 수단으로 대체되더니 일상에서 사라졌다. 당장은 아니겠지만 언젠가 내 아이의 아이가 사는 세상, 그게 너무 멀다면 그보다 가까운 미래에 태어날 아이들이 "동전이 뭐예요?"라고 묻는 일이 생기지 않을까.

시대의 변화는 거스를 수 없다. 다만, 동전이 값진 나눔의 역할을 톡톡히 해왔다는 사실을 기록해 두고 싶다. 기부는 뭐니뭐니 해도 '아날로그 감성'이라 생각한다. 기술이 만들어가는 세상이 우리의 마음을 얼마나 더 따뜻하게 해줄지 지켜봐야겠다.

에어컨 기사의 방문

이사를 하면서 에어컨을 함께 옮겼는데 설치하는 과정에서 어디에 문제가 생겼는지 틀 때마다 더운 바람이 나왔다. 각기 다른 수리 기사가 세 번 집을 다녀갔다. 그러고 나면 잘 작동하다가 며칠 지나면 또 말썽이었다. 그러면서 여름이 지나갔다.

2020년은 작년보다 덥다는 예보를 접했다. '이번에도 혹시…' 점검 차 에어컨을 틀었는데 아니나 다를까 더운 바람이 나왔다. 설치 업체에 다시 연락해서 집 주소와 상태를 얘기했더니 어느 집인지 대충 알겠다는 눈치였다. 하염없이 기다린 지 열흘 만에 젊은 수리 기사가 왔다. 이 수리 기사는 마음을 단단히 먹고 온 듯 보였다. 이번에는 에어컨을 완벽하게 수리해서 우리 집에는 영영 다시 오지 않겠다는 각오가 엿보였다. 어느 부위가 문제인지 하나하나 살펴보겠다고 했다. 중간중간 설명도 곁들였다. 친절한 사람이라는 인상을 받았다. 수리하는 데 1시간 30분 정도 걸렸고 에어컨이 정상 가동하는 것을 확인했다.

장비를 주섬주섬 챙겨서 나가려는 수리 기사에게 "수리비를 얼마

드려야 하나요?"라고 조심스레 물어보았다. 업체가 설치를 제대로 하지 못한 원죄가 있지만, 너무 자주 와서 출장비도 안 남겠다 싶어서였다. 정말 적당한 금액을 부른다면 줄 의향이었다. 그런데 "아닙니다. 저희 업체 믿고 맡겨주셨는데 끝까지 책임을 져야죠"라는 답변이 돌아왔다. 수리 기사의 말에 나는 감동했다. 친절한 데다 맡은 바 임무를 책임지는 마인드까지 있다니. 이 수리 기사는 분명 성공할 사람이라는 생각이 들었다. 그렇게 나는 기사님과 기분 좋게 작별했다.

수리 기사는 갔지만 그가 한 말이 머릿속에 남았다. 믿고 맡긴다는 것과 맡아 책임을 다한다는 것. 어찌 보면 일하는 분야는 다르지만 내가 하는 일, 내 주변에서 벌어지는 상황과 다르지 않다고 느껴졌다. 우리에게는 각자 고객이 있다. 세상에는 믿음에 대한 책임을 다하는 경우가 더 많겠지만, 책임을 져버리는 행위도 간혹 일어나지 않는가.

돌봄 서비스에 아이를 맡긴 맞벌이 부부가 14개월 된 자신의 아이가 돌보미에게 학대받았다고 국민청원을 올린 일이 있었다. 부모는 자기가 일하는 시간에 아이를 잘 맡아줄 거라는 믿음으로 돌보미에게 아이를 맡겼다. 하지만 그 일을 맡은 사람은 그만한 책임감이 없었다. 책임의 결여가 학대라는 믿음의 배신으로 돌아왔다.

원금 손실이 없다는 은행 직원의 말을 믿고 펀드에 가입했는데 적게는 수천만 원, 많게는 전 재산을 잃었다는 기사를 봤다. 나라가

망해야 손실일 정도로 안전하다는 증권사 프라이빗뱅커의 말에 투자를 결정했는데 환매 중단 된 사연도 있었다. 믿고 맡긴 사람의 입장에서 얼마나 분통이 터지는 일일까. 몇 년 전에는 엉터리 법인을 설립해 모금한 기부금을 개인적으로 유용한 '어금니아빠' 사건도 있었다.

  내가 일하는 조직도 높은 수준의 책임감을 요구받는다. 국민의 믿음이 크기 때문에 당연히 책임도 크다. 사람들은 '적십자'라는 브랜드를 신뢰하여 기부금을 낸다. 맡기면 올바르게 집행할 거라는 믿음이 깔려 있다. 또한 헌혈은 어떠한가. 헌혈은 수혈이 필요한 환자의 생명을 구하는 유일한 수단이다. 헌혈자는 혈액을 안전하게 관리하고 운영해 줄 거라는 믿음으로 헌혈에 자발적으로 동참한다.

  믿음은 영원하지 않다. 불신하면 금세 돌아서는 게 사람의 마음이다. 책임을 다하는 자세, 그건 성원해 주고 믿어주는 사람에 대한 당연한 도리이자 성공의 비결이 아닐까. 에어컨 수리 기사는 내게 그 사실을 일깨웠다.

많이 다녀보는 게 공부

총무팀장으로 일할 때는 자리를 오래 비울 수 없었다. 화장실만 다녀와도 결재가 쌓인다고 농담할 정도로 하루 숱하게 올라오는 문서를 처리하고, 인력이나 예산 그리고 시설이나 장비에 관해 상의하러 오는 직원이나 노동조합 간부의 얘기도 들으며 현안의 해결책을 고민해야 했다. 그런데 이에 더해서 조직은 하루도 잠잠할 날 없이 왜 이리도 다이내믹한지.

2022년 11월 집 근처 혈액원으로 돌아오면서 단체 헌혈을 담당하는 팀으로 자리를 옮겼다. 이제 내 역할은 팀원과 함께 외부 헌혈처를 섭외하고 헌혈 버스로 출장 가 헌혈량을 코로나 이전으로 회복시키는 일로 바뀌었다.

이 일도 내게는 과제임에는 매한가지이지만, 한편으론 오랜만에 숨통이 트이는 기분이 들었다. 나는 관리 부서보다 사업 부서를 더 좋아하기 때문이다. 입사하고 초기 10여 년간 나는 구호, 사회봉사, RCY, 펀드레이징, 홍보 같은 여러 사업 부서를 거쳤다. 인도주의 현장을 무수히 다녔다. 그게 너무 좋았다. 그러다 감사실에 발령 난 뒤로는 총무팀에서 업무를 계속하면서 일선 현장에서 조금 멀어졌다는 생각이 들었다. 그런데 이번에 다시 현장과 가까운 사업 부서에서 근무하게 된 것이다.

헌혈개발팀은 대외 활동이 많은 부서다. 그렇기에 이 부서에 발령받았을 때 다짐한 게 하나 있었다. 가급적 헌혈 현장을 많이 돌아보자는 것. 업무를 빨리 파악하고 적응하기 위해서였다. 사무실에 앉아서 시시각각 올라오는 헌혈 실적 데이터에만 의존한 채 업무를 해서도 안 되고 그렇게 하고 싶지도 않았다. 거기에 또 다른 나만의 진짜 이유를 하나 덧붙이자면, 수많은 헌혈처를 다녀보는 것만으로도 흥미롭고 배우는 게 있으며, 결국 내 발전에도 도움이 되리라 생각했기 때문이었다.

실제 헌혈개발팀은 헌혈을 매개로 사람들이 생각하는 곳보다 훨씬 많은 기관을 찾아간다. 다양한 종사자도 만난다. 군부대도 가고(군부대도 육/해/공이 있다), 보안이 엄격한 반도체나 배터리 같은 뉴스에 나오는 초일류 업체부터 제약회사, 화장품, 식료품, 시멘트, 기타 등등 다양한 업종의 기업체에도 간다. 고등학교와 대학교, 종교 시설에도 간다. 시군청과 교육청, 법원, 검찰청, 경찰서, 소방서, 교도소, 구치소, 세무서, 기상청, 우체국 같은 공공기관에도 빠짐없이 간다. 적십자도 공공기관이지만 이렇게나 다양한 공공기관이 활동한다는 사실을 알고는 신기할 때도 있다.

2023년 2월 11일에는 학군장교ROTC, 학사장교 등 육군 장교 후보생을 교육하는 육군학생군사학교에 헌혈을 다녀왔다. 두 번째 방문이었다. 이번 기수는 희망자가 적어서 헌혈은 조기에 마무리됐지만, 학교장 소장님이 헌혈에 참여한 게 기억에 남는다. '투스타' 장군이 직접 헌혈하러 버스에 올라오니 영문 모른 채 순서를 기다리던 후보생들은 순간 눈을 동그랗게 뜨며 바짝 긴장하는 눈치였다. 이내 젊은 세대답게 학교장의 질문에 답하고 대화하는 모습이 인상적이었다. 내게는 리더의 솔선수범이 뭔지 생각하는 시간이었다.

학교가 이론을 배우는 교육의 장이라면, 직장은 사회를 배우는 또 다른 교육의 장이다. 바깥세상을 여행하는 것도 배움이듯이, 일 속에서 다른 기관을 다녀보고 나와 다른 일을 하는 사람들을 만나보는 것도 견문이고 공부가 된다. 그래서 나는 가급적 사무실을 벗어나 현장에 많이 가려고 한다.

행치재 호떡집

충북 음성군 원남면에는 행치재라는 고개가 있다. 36번 국도가 이곳을 지난다. 이곳 행치재에는 두 가지가 유명하다. 반기문 전 유엔사무총장 생가와 이 동네에서 파는 호떡이다. 물론 호떡은 내 기준이다. (예전엔 생가였는데 이제는 평화기념관까지 갖춘 공원이 됐다.)

입사하고 이 길을 정말 번질나게 다녔다. 도내 북부 지역인 충주, 제천, 단양으로 가는 가장 빠른 길이었기 때문이다. 그때만 해도 평택-제천 간 고속도로가 개통되기 전이었다. 청주에서 출발해 제천까지 편도로 2시간, 단양까지 2시간 30분이 걸리던 시절이었다. 청주에서 서울까지 차로 1시간 30분이면 갈 수 있는데 단양은 2시간 30분이 걸리니 "너 단양 출장 갈래? 아니면 서울 출장 갈래?"라고 누가 묻는다면 당연 "서울이요"라고 손들고 싶을 정도였다.

국도로 출장 가면 신호도 많고 고개도 오르락내리락해야 하고, 추운 겨울에는 도로 상황도 살펴야 하는 등 운전에 주의할 일이 많다. 그렇게 출장을 나갔다가 돌아오는 길에 잠시 휴식을 취하는 중간 지점이 바로 행치재였고, 간식으로 호떡을 먹었다.

한동안 나는 행치재 길을 지나다닐 일이 없었다. 2014년에 본사로 발령이 나서 거의 5년간 이 지역을 떠나 있었다. 2015년에 평택-제천고속도로가 완전 개통했기 때문에 그사이 다른 직원들은 실거리로는 엇비슷하지만, 시간이 빠르고 운전이 편한 고속도로를 이용했다.

한번은 사무실 후배와 함께 충주 출장을 가게 됐다. 충주에는 헌혈센터가 한 곳 있는데, 센터 점검과 직원 사원증 사진 촬영을 위해 방문했다. 갈 때는 고속도로를 이용했다. 헌혈센터에서 일을 마치고 돌아올 준비를 하면서 후배에게 행치재를 넘어서 사무실로 가본 적이 있는지 물어보았더니 없다고 했다. 시간 차이도 크게 나지 않으니 행치재로 가보겠느냐고 물어보니, 후배는 새로운 길도 익힐 겸 좋다고 했다. 나는 지나는 길에 그곳에 있는 호떡 맛집을 소개해 주겠다고 했다. 그렇게 우리는 행치재에 도착했고, 나는 후배에게 호떡을 사 주었다.

직장 생활 하면서 일만 공유하는 게 아니다. 때론 어느 길로 가면 어디로 연결되고, 어디에 가면 뭐가 있다는 정보도 함께 알려주면 다 도움이 된다. 내비게이션이나 인스타그램이 그 역할을 대신하고 있지만 아직도 숨은 정보들이 있다. 다행히 후배도 만족하는 듯해서 나도 나름 기분이 괜찮았다. (호떡집은 코로나 시기에 문을 닫았다.)

기본만 하자

90년대 후반 〈이경규가 간다〉라는 프로그램이 있었다. 심야 시간대에 도로에 잠복하고 있다가 교통 수칙을 준수하는 차량 운전자에게 냉장고 한 대를 주는 프로그램이었다. 인적이 뜸한 새벽, 차들은 빨간불을 무시하고 지나갔다. 새벽 4시 티코 한 대가 아무도 보지 않는데도 신호와 정지선을 지켰다. 촬영진은 감격에 겨워 달려갔다. 창문을 내리니 차 안에는 장애인 부부가 타고 있었다. 개그맨 이경규는 운전자인 남편에게 "왜 신호를 지키셨나요?"라고 질문했고, 운전자 남편은 다소 어눌하지만 모두가 들리게 이렇게 답했다.

"내가… 늘… 지켜요."

양심냉장고 1호 주인공이 탄생한 순간이었다. 이 영상을 볼 때마다 '당연한 얘기를 당연하게 하는데 왜 이리 특별하게 들리지'라는 생각이 들었다.

내가 이 영상을 다시 떠올린 건 2017년 8월 청렴감사팀에서 근무를 하면서였다. 적십자사는 구호, 봉사, 기부, 헌혈, 공공의료를 주로 하는 비영리단체이면서 공공기관이기도 하다. 그렇다 보니 매년 정부에서 실시하는 청렴 및 부패방지 관련 평가를 받는다. 나는 부패방지시책평가 업무를 맡았다. 업무를 맡은 내 심정은 '답답'했다. 감사라는 이름도 부담스러운데, 그 앞에 청렴이란 두 글자가 더 붙으니 솔직히 숨이 턱턱 막혔다. 분명 내가 할 일은 정해져 있어서 앞사람을 따라가면 됐다. 하지만 일에 앞서 청렴이 무엇인지 개념이 서야 내 일이 제대로 진행될 것 같았다. 그렇게 해야만 직원들이 함께 공감하는 과제를 만들어낼 수 있으니까.

그렇게 고민하다가 이경규의 '양심냉장고'를 떠올렸다. 어떤 일은 세계 최고, 세계 최초, 초일류, 일등을 목표로 삼고 달려가야 하지만, 어떤 일은 잘하려고 하기보다는 기본을 준수하는 것이 중요하지 않을까 생각했다. '기본'을 지키는 게 '청렴'이지 않을까. 나는 우리 고유 업무 중에서 기본에 충실해야 할 부분에 초점을 맞춰 계획서를 만들어갔다. 예를 들어 기부금으로 운영되는 단체이다 보니 기부금 수입과 지출을 투명하게 관리하기 위해 노력하고 있음을 강조했다.

스물세 개의 과제를 만들어 2018년 부패방지시책 계획서를 짰고 사업을 전사적으로 추진했다. 최종 보고서 제출을 한 달 앞두고 부서를 옮겨야 해서 비록 내 손으로 보고서를 마무리하지는 못했다. 다만 남은 동료가 잘해줘서 최고 등급인 1등급 평가를 받았다. 덕분에 이 계획서를 기획한 나는 감사 인사를 받았고, 부서 추천으로 장관 표창도 수상했다.

단기적인 평가에서 좋은 성과를 거두는 일과 모두가 함께 문화를 만들어가는 일은 다른 차원이다. "세상을 살아가는 데 필요한 모든 것들은 유치원에서 다 배운다"고 하는데, 우리는 알면서도 일상에서 실천하지 않는 것들이 너무 많다.

하루는 유치원에 다니는 여섯 살 딸아이와 함께 편의점에 갔다. 편의점은 큰 사거리 건너에 있었다. 아이는 손을 들고 길을 건넜다. 나는 아이에게 말했다.

"신호등이 파란불로 바뀐 뒤에 길을 건너도 반드시 좌우를 살피면서 가. 운전자 중에는 분명 신호를 잘 지키는 사람도 있지만 위반하는 사람도 있고 실수하는 사람도 있으니까. 그것까지 조심해야 한다."

내 말을 듣던 중에 배달 오토바이 한 대가 굉음을 내며 정지 신호를 무시한 채 사거리를 내달렸다. 우리 둘은 자연스레 그 소리를 따라 고개를 돌렸다.

"아빠, 저 오토바이처럼 말이지?"

아이는 그 순간 아빠의 말을 이해한 것처럼 보였다. 나도 간혹 선을 어긴다. 급한 마음, 편의주의 때문이다. 남한테 뭐라고 할 게 뭐 있나. 내 기본만 잘하면서 살고 싶은데 그 기본을 지키는 일이 아직도 어렵다.

누구나 처음은 두렵다

2023년 8월 충주에 있는 한 부대로 헌혈을 나갔다. 날씨가 궂더니 오후 들어 빗발이 거세지기 시작했다. 헌혈 희망자마저 일찍 끊어져 버스 안이 한산해졌을 때, 한 사병이 헌혈을 마치고 홀로 휴식의자에 앉아 급식품인 초코파이와 포카리스웨트를 먹고 있었다. 통로를 지나며 살짝 보니 군복 상의 오른편에 숫자 '1'로 된 빨간색 스티커가 보였다. '오늘이 처음이구나.'

충북혈액원에서는 헌혈자 안전을 세심히 살피기 위해 초회 헌혈자를 구분하는 스티커를 붙인다. 이 스티커를 본 간호사는 헌혈 과정에서 초회 헌혈자에게 한 번이라도 더 얘기를 건네면서 긴장을 풀어주고 이상이 없는지 신경을 쓴다.

차에 올라오는 사람도 없어서 잠시 자리에 앉아 사병에게 말을 걸었다.

"고등학교 다닐 때 학교에서 헌혈할 생각은 안 하셨어요?"

"무서워서 못했습니다."

"어때요. 할 만하죠?"

"네."

팔뚝에 문신한, 세상 무서울 게 없어 보이는 '덩치 형님'도 굵은 바늘이 무서워 못 했다는 게 헌혈이다. 그는 웃으면서 나긋하게 말했고 휴식 시간이 끝나는 알람이 울리자 헌혈증과 기념품을 챙겨 버스에서 내려갔다.

누구나 처음은 두렵고 긴장되기 마련이다. 처음 핸들을 잡고 도로 주행을 나섰을 때, 부모의 도움 없이 혼자 학교에 갈 때, 처음 남들 앞에 서서 발표할 때 등 삶은 매 순간 처음을 만난다. 그때 용기를 내서 부딪쳐 보면 두려움은 걷히고 어느 순간 어려웠던 일들이 자연스럽게 가능해진다. 헌혈도 마찬가지다.

팬클럽이 전하는 온기

출근하면 회사 내부망에 올라오는 '언론보도현황'을 챙겨 본다. 전날 하루 동안 방송이나 신문에 소개된 적십자 소식을 홍보팀에서 간추려 올려주는 데 돌아가는 소식도 알 겸 참고할 게 많아서 유용하다. 하루는 새로운 게 뭐가 있을까 제목을 훑어보다가 대구 지역에서 있었던 기부 뉴스에 눈길이 갔다.

"가수 장민호 팬클럽 대경 민트, 대구적십자사에 쌀 500kg 기부"라는 기사였다. 데뷔 후 첫 단독 콘서트를 개최하는 가수를 응원하고자 팬클럽이 기부했다는 훈훈한 내용이었다. 그러고 보니 팬클럽 기부나 나눔이 최근 들어 늘고 있음을 직간접적으로 느낄 수 있었다. 호기심이 생겨서 '연예인 팬클럽 적십자 기부' 키워드로 인터넷에 한번 검색해 보았다. 제법 많은 기사가 떴다.

"정동원 팬클럽, 울진·삼척 산불 피해 복구에 1억 원 기부", "이찬원 팬클럽, 적십자사에 사랑의 쌀 100포 기부", "강다니엘 팬클럽, 부산혈액원에 앨범 1만 장 기부", "임태경 팬카페, 이른둥이 지원을 위해 11,111,111원 적십자 기부" 등 다양한 형태의 기부를 확인할 수 있었다. 국내뿐만이 아니다. K팝의 영향력은 세계로 뻗어 나가지 않는가. "방탄소년단 진 中 팬덤, 폭우 피해 돕기 정저우시 적십자사 기부", "김희재 中 팬클럽, 허난성 홍수 피해 주민 위해 적십자 기부", "정용화 일 팬클럽, 부산지역 소외계층 기부 위해 적십자에 기부" 등 한국 연예인을 좋아하는 해외 팬들도 열심히 선한 영향력을 퍼트리고 있었다.

이런 기사를 보면서 연예인 팬클럽 기부는 이제 일상적인 문화이자 하나의 흐름이라는 걸 느낄 수 있다. 과거 팬클럽은 자신이 좋아하는 스타에게 편지와 선물 공세를 했다면, 요즘의 팬클럽은 선행을 적극적으로 행하면서 스타를 돋보이게 하는 홍보 역할을 한다.

이런 기부는 앞으로도 더욱 확산될 것이다. 문화의 시장이 갈수록 확장되고 있기 때문이다. 이제 전 세계가 K컬처에 주목하고 있다. 〈오징어 게임〉의 글로벌 빅히트에서 보듯 K드라마, K무비의 영향력도 K팝만큼 커졌다. 한국 스타들은 국내 스타가 아닌 글로벌 스타가 되어간다. 스타를 좋아하는 팬들이 늘어나는 만큼 함께 만들어가는 선행도 같이 커가면서, 팬클럽 기부 활동이 사회에 온기를 불어넣고 있다.

그러고 보니 나도 연예인 팬클럽과 직접 만난 적이 있다. 매월 넷째 주 수요일은 제천시민회관에서 시민들이 헌혈하는 날이다. 충북 북부에 위치한 제천은 혈액원이 위치한 청주에서 차로 2시간 떨어져 있다. 헌혈의집이 없는 지역이라 버스로 단체 헌혈을 나가는

데, 2023년 10월 넷째 주 수요일에는 헌혈도 헌혈이지만 조금 특별한 의미로 방문했다. 가수 임영웅 팬클럽인 제천 영웅시대가 가수 노래 발매와 전국 투어 콘서트 기념으로 헌혈증서 250매를 기부하겠다는 의사를 밝혀서 혈액원 대표로 전달식에 갔다. 오후 2시쯤 오신다고 해서 미리 가서 기다리니 파란 후드를 입으신 어머님들이 한 분씩 오셨다. 회원님들과 함께 준비한 보드판과 현수막을 들고 사진을 여러 컷 찍었다. '건행'이라는 인사법도 처음 알았다. '건강과 행복을 기원'한다는 의미가 담겨 있다는데, 영웅시대 회원들과 함께 동작을 취하면서 사진을 남기고 행사를 마무리했다. 회원 세 분은 현장에서 헌혈하시려고 했는데 대기 줄이 길어서 다음을 기약했다.

  혈액 수급이 어려운 시기에 기부도 하시고 헌혈에 참여해 주신다는 게 얼마나 감사한가. 어쩌면 연예인 팬클럽이 총출동해서 앞장서 준다면 우리나라 혈액 상황이 확 뚫리지 않을까 싶다.

장학증서를 전달하며

고등학교 한 곳을 방문했다. 헌혈기부권 나눔장학 사업 증서를 전달하기 위해서였다. 내 역할은 교장 선생님이나 장학 담당 선생님을 뵙고 학생 앞으로 나온 장학증서를 전달하고 학교 헌혈에 참여해 주신 것에 감사 인사를 드리는 일이다. 학생과의 만남은 사전 계획에 두진 않지만 방문했을 때 학생이 와 있는 경우에는 학생에게 직접 증서를 전달하기도 한다. 열여섯 학교를 마쳤으니 이제 네 학교가 남았다.

2023년 적십자에서 처음 시행한 헌혈기부권 나눔장학 사업은 헌혈자가 기념품을 수령하는 대신 해당 금액만큼 기부한 액수로 만든 장학 프로그램이다. 헌혈자는 헌혈을 끝내고 문화상품권이나 영화상품권 등 기념품을 받아 갈 수 있는데, 이걸 대신해 전혈이나 혈장성분헌혈, 혈소판성분헌혈은 5000원, 혈소판혈장성분헌혈은 8500원 기부권을 택할 수 있다. 이렇게 모인 기부권 기금 일부로 학업 지속에 어려움이 있는 전국 고등학교 1학년 465명에게 매년 100만 원씩 장학금을 지급한다.

받아본 사람만이 아는 감사함이라는 게 있다. 오래된 일이지만, 나도 고등학교를 선택할 때 장학금을 기준으로 두었다. 인근 사립 고등학교로 갈 수 있었지만, 집안 형편을 걱정해 내 딴에는 부모님의 경제적인 부담을 덜어드린다고 고심해서 택한 길이었다. 동문회에서 장학금을 마련해 주신 것으로 기억하는데, 교장 선생님께 장학증서를 받았던 것 같다. 분명한 건 나도 어려움에 처했을 때 주변의 도움으로 그 시기를 넘어갈 수 있었다는 점이다.

학생들의 모습에서 내 과거를 보는 기분이 들었다. 누군가의 도움 없이 홀로서기 어려운 게 세상이다. 한편으로는 따뜻한 나눔을 전하는 사람들이 존재하는 게 또 세상이다. 이 글을 쓰기 위해 자료를 찾아보니 2023년에만 헌혈기부권을 선택한 헌혈자가 40여만 명이다. 이 기금으로 학생들에게 장학금을 전하는 사업이 계속 이어지면 좋겠다. 학생들의 꿈이 꺾이지 않고 뻗어 나가는 데 조금이라도 보탬이 되면 좋겠다. "중요한 것은 꺾이지 않는 마음"이라지 않는가. 그렇게 나는 남은 네 학교를 방문해 장학증서 전달하는 일을 마무리했다.

노블레스는 아니어도

'노블레스 오블리주'라는 고상한 프랑스 말이 있다. 높은 사회적 신분에 상응하는 도덕적 의무라는 뜻이다. 입사하고 나서 이 표현을 자주 접했다. 기부나 후원으로 운영되는 우리 같은 단체에서 일하는 사람들에게 노블레스 오블리주는 아주 익숙한 용어다. 사회지도층의 건전한 기부나 솔선을 이야기할 때 흔히 쓰는 관용적인 표현이기 때문이다.

따지고 보면 적십자를 만든 앙리 뒤낭도 노블레스였다. 아버지 장 자크 뒤낭은 스위스의 부유한 사업가이자 제네바공화국 의원으로 고아수용소 자혜국장을 역임했다. 어머니 앙투와네트는 신앙심 깊은 칼뱅교도로 봉사에 헌신했다고 한다. 앙리 뒤낭은 어려서부터 어머니를 따라 빈민가에 가서 종종 봉사했으며, 운명 같은 솔페리노 전투를 만난 뒤 그의 삶은 사업가에서 사회활동가로 변모했다. 훗날 적십자가 이렇게 커질 줄은 그조차 예상하지 못했겠지만, 그가 백방으로 뛰어다니며 만든 적십자는 분명 노블레스 앙리 뒤낭의 오블리주이자 값진 산물이 아니었나 싶다.

올해로 22년째 적십자에서 일하고 있는 나는 노블레스와는 완전 거리가 먼 사람이다. 우리 집은 애초에 내세울 만한 사회적 신분이랄 게 없다. 유년의 기억은 가난과 결핍으로 점철되어 있다. 어릴 적 아버지의 일은 운이 따르지 않는 때가 많았고, 불안정한 생계에 어머니는 할머니에게 나와 여동생을 자주 맡기고 생활 전선에 나서야 했다.

나는 국민학교(초등학교) 시절 학교에 육성회비를 제때 못 가져가는 부끄러움을 느껴봤다. 봉사는커녕 일요일 새벽 우유 배달하는 어머니의 리어카를 뒤에서 밀어야 했다. 어둑한 언덕길을 오르면서 같은 반 친구를 만날까 고개를 푹 숙이고 친구 집 앞을 지났던 일도 더러 있었다. 단칸방에 사는 모습을 보여주는 게 창피해서 집에 친구를 초대한 적도 없었다. 자격지심에 주변의 눈치도 많이 봤고, 집안 형편을 알기에 어떻게든 돈 안 들이고 진학할 방법이 없나 궁리도 많이 했다. 대학도 등록금이 싸다는 지방 국립대를 찾았고, 대학에 가서도 방학이나 야간에 아르바이트를 멈출 수 없었다. 대학 시절 받았던 학자금 대출은 입사하고 몇 년이 지나서야 모두 갚았다. 적십자도 예비 합격으로 겨우 문턱을 넘었다.

그런데 묘한 건 세월이 흐르고 보니 내 과거의 힘든 시기가 일할 때 걸림돌이 아닌 도움이 됐다는 거다. 적십자는 어려움에 처한 누군가를 돕기 위해 만들어진 조직이다. 내가 만나는 사람들은 다들 집이 없거나, 돈이 없거나, 가족이나 친지가 없거나, 건강이 나쁘거나, 어떤 이유로든 고향에 갈 수 없거나 가족과 떨어진 딱한 사연을 가진 사람들이다. 그렇다 보니 '없어본 경험'은 그들을 이해하며 일하는 데 도움이 됐다.

가령 찬바람 드는 겨울날 노인 가정에 연탄을 전하러 갔을 때에는 집게 들고 연탄 갈던 내 어린 모습이 떠올랐고, 구호품 전달하러 열악한 가정을 방문했을 때에는 우리도 집 밖에 있는 화장실 하나를 여러 집이 쓰며 살던 때도 있었는데 싶었다.

장학금을 전달하러 갔을 때에는 나도 주변에서 준 장학금 받으며 학교 다닌 기억을 떠올렸다. 초등학교 때 보이스카우트랑 아람단에 가입한 친구들이 단복 입고 돌아다니는 게 너무나 부러웠다. RCY 본부에서 청소년 업무를 맡아 하면서는 학생들이 좋아하는 모습을 보면서 프로그램을 잘 만들어야겠다고 생각했다. 이렇다 보니 회사 일이 나랑 안 맞는다는 생각은 들지 않았다. 그러고 보면 이 일에는 사회적 신분이 따로 있지 않다. 누구나 마음만 있다면 할 수 있다.

노블레스라는 단어는 어감도 좋고 참 근사하다. 그렇다고 내가 노블레스가 될 일은 없을 거다. 공부를 많이 해서 학력이 높은 것도 아니고, 월급으로 생활하는데 무슨 부자가 될 리도 없다. 사회적 영향력이 큰 어떤 위치에 오를 것 같지도 않다. 돈을 벌려면 사업을 하고, 권력을 얻으려면 정치를 하는 게 맞다. 하지만 노블레스는 못 되어도 오블리주는 떠올린다.

노블레스의 기부가 어려운 이웃에게 제대로 전달되기 위해서는 나 같은 직원과 봉사원의 손을 거쳐야 한다. 누군가는 기부 프로그램을 짜야 하고, 누군가는 물품을 구매하고, 누군가는 현장에 텐트를 치고, 누군가는 테이블을 깔고, 누군가는 현수막을 걸고, 누군가는 마이크를 잡고, 누군가는 구호품을 배부하고, 누군가는 인수증을 챙겨야 한다. 나도 그 일의 프로세스 중 어느 단계에서 맡은바 역할을 해왔다. 노블레스의 후원이 없다면 우리의 일은 시작할 수 없을지도 모른다. 하지만 우리가 없다면 그 일이 마지막까지 온전히 전달되기 어렵다.

나눔에도 근육이 필요하다

"바쁘시겠지만 오후 3시에 창고로 다 모여주세요." 사내 메신저로 단체 쪽지가 왔다. 한 기관에서 취약계층 지원으로 기탁한 20킬로그램 쌀 200포가 그 시간에 창고에 들어올 예정이라고 했다. 직원들이 다 같이 쌀을 내리자는 사회협력 담당자의 요청이었다. 직원이라고 해봤자 휴가자, 출장자, 외근자 빼고 나면 열 명 남짓. 여직원이라고 예외는 없다. 그래도 보기 좋은 건 이건 너희 부서 일이니 알아서 하라고 엉덩이 빼는 분위기가 아니다. 다 같이 하는 게 당연한 듯 모인다. 그렇게 해야 나에게 일이 생겨 도움을 요청할 때에도 다른 부서에서 도와준다.

이날 들어올 쌀은 무게로 치면 4톤. 건물을 지을 때 창고에 지게차가 들어갈 수 있도록 지었으면 참 좋았겠건만 그러지 않아 손발이 고생이다. 구호품이든 기부 물품이든 물건이 들어오면 항상 직원들이 손수 상하차 작업을 해야 한다. 10킬로그램 쌀은 크기도 적당하고 나르기가 괜찮은데 20킬로그램 쌀은 부피도 크고 무게도 있어서 옮기기에 수고스러운 면이 있다. 그래도 기부해 주신 게 감지

덕지한 일이다.

오후 3시가 되니 땡날 걸 대비해 반팔 차림을 한 직원, 옷이 더러워질 걸 대비해 외투를 걸친 직원 등 각자 작업에 편한 복장을 하고 장갑을 준비해 창고에 모여들었다. 2.5톤 트럭은 창고 앞에서 이미 대기 중이었다. 곧이어 기사분이 차량 뒷문을 개방하자 안쪽으로 쌀 포대가 쌓인 게 보였다. 남직원 세 명이 먼저 탑차에 올라갔고, 다른 직원들은 이어서 교차로 섰다. 쌀을 한 포씩 옆으로 전달했다. 마지막 사람은 무너지지 않도록 팰릿(파레트)에 잘 쌓았다. 시간이 오래 걸리지는 않았지만, 허리를 숙였다 폈다 돌렸다 하며 옆 사람에게 쌀을 전달하는 동작을 반복하니 허리가 살짝 뻐근하고 땀도 났다.

"우리도 신입 직원 뽑을 때 체력 테스트 해야 하는 거 아니야?"

엉뚱하지만 가끔 이런 농담을 한다. 불을 끄고 인명을 구조하는 소방관이나 도시를 깨끗하게 만드는 데 앞장서는 환경미화원만큼 체력을 요하지는 않지만, 우리 일에도 그 일의 성격에 맞는 적정한 근육이 필요한 건 사실이다. 나눔이나 구호는 어찌 보면 성격만 다를 뿐, 물품을 상하차하는 물류이고 도움이 필요한 가정에 신속하게 전달하는 배달이기 때문이다.

지금은 없어졌지만 내가 입사한 초창기 때까지도 '사랑의 쌀 한 줌 모으기 운동'이란 게 있었다. RCY 단원이 주체가 되어 전교생이 각각 자율적으로 편지봉투나 라면봉지 한 개 정도의 쌀을 담아

학교에 가져오면, 지사에서는 지역별 수거일에 맞춰 차량으로 직접 순회하며 쌀을 수거했다. 그 쌀을 팔아서 기금을 만들어 학생들에게 장학금을 줬다. 매년 가을 RCY 담당자가 쌀이 모였다고 하면 학교별 동선을 짜서 사무실 트럭을 끌고 가 포대에 잔뜩 담긴 무거운 쌀을 싣고 돌아왔다. 다음 날 다시 빈 차로 나가야 하니 사무실에 쌀이 도착하면 직원들 모두 현관에 모여서 거둬온 쌀을 입구에 옮겨 놓는 일을 일주일 내내 했다. 그렇게 한 주를 보내면 누구보다 RCY 담당자는 기력이 쭉 빠졌다. 도내 학교에서 쌀을 다 거두면 인근 미곡종합처리장RPC에 싣고 가서 넘기고서야 일이 끝이 났다.

사실 이런 쌀은 상품성이 덜하다. 누구는 흑미를, 누구는 백미를, 누구는 현미를 가져와 한데 모으니 쌀이 균질하지 않아서 팔기가 어렵다. 다들 받기 꺼리는 쌀을 그마저도 사정을 잘 아는, 미곡종합처리장을 경영하는 자문위원이 받아 값을 쳐줬다. 얼마 전 그 쌀을 어떻게 처리했는지 여쭤보니, 시중에 포장해 팔 수가 없어 장애인 복지시설 같은 사회복지단체에 전달했단다.

재난구호 활동도 엄연히 따지고 보면 물류다. 재난에 대비해 구호품을 창고에 비축하고 지역별로 분산 비축을 한다. 즉 구호품이 들어올 때마다 다 같이 손을 보태야 한다. 힘든 상황은 큰 재난이 났을 때다. 재난이 발생하면 기존 구호품뿐 아니라 기부금도 들어온다. 기부금을 재빨리 기금으로 돌리거나 기부금으로 물품을 구매해서 도움이 필요한 사람들에게 전달해야 한다

구호 담당자에게 언제가 가장 힘들었냐고 물어보았다. 2023년에도 충북에는 청주와 괴산 지역에 큰 피해가 있었다. 30억 원이 넘는 성금을 집행했는데 그때였냐고 물었다. 아니었다. 코로나 때였단다. 그때는 구호 창고가 꽉 차서 외부에 창고와 주차장을 통째로 빌렸는데 마스크, 손소독제, 생필품, 화장지, 생수, 라면, 빵, 음료수, 화장품 등 온갖 종류의 구호품이 쏟아져 들어왔다고 한다. 직원들은 봉사원들과 함께 찜통 같은 창고 안에서 물품을 들여오고 확인하고, 개별 포장하고, 지역별로 내보냈다고 한다.

　우리가 하는 일도 현장에서 몸을 움직여야 끝난다. 적십자에서 일하면 사무실에서 행정 업무만 하겠지 생각한다면 오산이다. 나눔에도 근육이 필요하다.

대입 제도와 헌혈

 같은 헌혈인데 학교에서 하면 대학 입시에 반영되고, 헌혈센터에 가서 하면 반영되지 않을까?

 학생부종합전형의 불공정성에 대한 비판과 정시 확대를 요구하는 국민 여론이 거세지면서 교육부는 2019년 '대입 제도 공정성 강화 방안'을 발표했다. 개선안에는 부모 배경 등 외부 요인이 입시에 영향을 미치지 않도록 2024학년도 대입부터 학교 교육 계획에 반영된 학내 봉사 활동은 대입에 반영하되, 개인 봉사 활동은 반영하지 않겠다는 내용도 담겼다. 이 말은 곧, 같은 헌혈이라도 고등학생들이 학교 헌혈 버스에서 헌혈하면 대입에 인정되나, 거주지 주변 헌혈센터를 찾아가 헌혈하면 개인 봉사로 간주돼 대입에 인정되지 않는다는 것을 의미했다.

 인간의 생명을 살리는 유일한 수단인 헌혈이 학교 안과 학교 밖 봉사라는 기준으로 나뉘어야 할까? 가뜩이나 저출산으로 인해 학령인구가 매년 감소하는 상황에서 학생 헌혈에 제약이 걸려버렸다. 실제 10대 헌혈은 2018년 85만 명에서 2022년 43만 명으로 절반

가량 줄었다. 헌혈의집을 찾는 고등학생들도 많이 줄었다. 코로나 영향도 있었지만, 대입 제도 변화의 영향이 컸다.

어른들이 헌혈을 더 많이 하면 되지 않겠느냐고 반문할 수 있다. 나는 적십자에서 20여 년 일을 하면서 알게 된 바가 있다. 기부와 헌혈 같은 나눔은 경험해 본 사람이 다시 하는 경우가 많다는 점이다. 그런 면에서 기부도 헌혈도 배움과 실천이 중요하다고 생각한다. 학창 시절에 이런 나눔을 경험하지 못하면 사회에 나가서 용기 내서 하기가 어려워진다. '누군가 하겠지'라며 남 일처럼 여긴다. 학교 밖 헌혈의 봉사 반영 제한이 사회적 문제의 해소가 아니라 또 다른 문제를 심화시키는 건 아닌지 생각해 보아야 한다.

물론 봉사 점수에 연연하지 않고 헌혈의집을 찾는 10대도 많다. 하지만 다수는 그렇지 않다는 걸 통계가 말해 준다. 그 학생들도 대부분은 학교 내에서 헌혈을 경험해 보았기 때문에 헌혈의집을 찾았을 것이다. 그런 면에서 학내 헌혈도 계속 이어져야 헌혈에 대한 인식이 높아질 수 있다.

얼마 전 나는 한 고등학교에 헌혈 섭외를 하러 갔다. 나를 만난 선생님은 "개인적으로 10대에게 헌혈시키는 것은 맞지 않다고 생각합니다. 어른들에게 헌혈을 받는 게 좋을 것 같아요"라며 학교 헌혈을 안 했으면 좋겠다고 말했다. 만 16세부터 헌혈이 가능하도록 법적으로 규정되어 있고, 교육청에서도 헌혈의 중요성을 알기에 각 학교에 안내하는데도 이런 말을 들었다.

내가 태어난 해에는 한 해 75만 명이 태어났다. 그리고 2023년에는 23만 명이 태어났다. 인구가 줄어서 발생하는 문제는 헌혈에도 영향을 미친다. 젊은 사람은 줄어들고 나이 든 사람은 점점 늘어나는 고령화 사회구조 속에서 혈액이 필요한 사람들은 증가할 수밖에 없다. 그런데 젊어서 안 하던 헌혈을 나이 들어서 갑자기 할 수 있을까? 학교 안뿐 아니라 학교 밖 헌혈도 자유롭게 할 수 있도록 헌혈은 봉사 활동 대입 반영에 예외가 되면 좋겠다. 이 시점 우리에게 필요한 건 한 명이라도 더 헌혈할 수 있는 환경을 만들어 주는 일이 아닐까.

작은 돈이 모여서 큰 일을 한다

돈 1000원이면 뭘 할 수 있을까? 호떡은 못 사 먹어도 붕어빵은 한 개 사 먹을 수 있다. 이번 겨울 우리 동네 붕어빵은 한 개에 1000원, 세 개에 2000원이다. 다이소에 가서 최저가 생활용품을 하나 살 수 있다. 다이소 제품은 가성비가 괜찮아서 자주 구매한다. 무인 인형뽑기방에 가서 게임 한 판 할 수 있다. 물론 돈은 기계 속으로 금방 사라지고 지갑에서 또 지폐를 꺼내야 하겠지만 말이다.

물가가 많이 올라서 이제 돈 1000원으로 주변에서 살 수 있는 게 많지 않다. 기억을 거꾸로 되돌려 보면, 유년 시절 집 앞 가게에서 사 먹었던 핫도그는 최초 50원이었고, 아버지가 고모 집에 가는 중에 중국집에서 사 주셨던 짜장면은 700원이었다. 지금은 그 값이 열 배, 수십 배가 올랐다. 물가가 급격히 오르는 만큼 주머니는 홀쭉해지고 생활은 빠듯해진다. 이제는 돈 1000원이 작은 돈처럼 느껴진다.

하물며 1000원 미만의 돈은 말할 것도 없다. 그렇다고 이런 작은 돈이 쓸모가 없느냐 하면 그렇지 않다. 옛말에 티끌 모아 태산이라고 했다. 티끌이 모여봐야 티끌이지 그게 쌓여서 언제 태산이 되겠느냐 싶겠지만, 최근에도 이런 작은 돈이 모여서 큰 힘을 만든다는 걸 또 한 번 보면서 돈의 소중함을 다시금 생각하는 일이 있었다.

'우수리'라는 말이 있다. 우수리는 거스름돈, 물건 등을 나누고 남는 부분이라는 뜻이다. 흔히 '우수리 기금'이라 하면 급여에서 자투리 돈을 떼어 기부하는 것을 말한다. 우리 지사는 지난 2013년부터 충청북도교육청과 함께 교직원 사랑의 우수리 기금 사업을 하고 있다. 1000원 미만의 금액을 기부하겠다고 동의한 교직원의 월급에서 자투리를 뗀 금액을 각 학교나 교육청에서 모아 매월 우리 지사에 송금해 준다. 통장에 찍히는 금액을 보면 한 달에 대략 50여 곳에서 입금되어 들어오는데, 작게는 몇백 원에서 교육청처럼 직원이 많은 곳에서는 몇십만 원도 들어온다.

2024년 모금된 우수리 기금이 자그마치 3500여만 원이나 됐다. 상당히 큰 금액이다. 이월된 기금과 당해 모금액을 합치니 6000여만 원이 됐고, 이를 집행하기 위한 성금 심의 회의가 마련됐다. 이 기금은 교직원들이 낸 성금으로 만든 기금인 만큼, 고스란히 도내 희귀병이나 난치병 학생들을 위한 의료비로 학생 1인당 300만 원 범위에서 지원된다. 운영비는 1원도 떼지 않는다.

초등학교, 중학교, 고등학교, 특수학교까지 학교별로 학생 45명이 신청됐다. 심의의 공정성을 위해 내부 위원과 외부 위원이 참여하고, 도교육청에서는 담당 부서 팀장이 왔다. 회의를 진행하는데 자리에 놓여 있는 회의 자료에서 기금 지원 아이들 나이랑 질환을 보다가 나도 모르게 눈물이 순간 핑 돌았다.

나는 초등학생 자녀를 둔 아빠다. 내 아이가 건강하게 자라기를 바라면서 하루하루 일터에 나와 일하며 생계를 꾸려가는 보통의 아빠다. 스스로 다감한 인간은 못 된다고 생각하지만, 이날만큼은 학생 신청자 명단을 보고 있자니 감정 이입이 안 될 수가 없었다. 생전 처음 들어보는 희귀(난치)병을 안고 살아가는 학생, 어린 나이에 여성암에 걸린 학생, 급성 골수성 백혈병 같은 큰 병에 걸린 학생들까지 A3 한 장 안에 아픈 아이들의 정보가 빼곡히 정리되어 있었다. 이번이 처음인 아이도 있지만, 네 번째 지원을 신청한 아이도 있었다.

유독 한 명이 아닌 두세 명씩 신청된 학교도 눈에 들어왔다. 관심 가져주는 좋은 선생님을 만났구나. 이런 일을 해보면 이런 프로그램이 있다는 걸 알고, 평소 어려움이 있는 아이들을 잘 파악해서 챙기고, 문서 작업을 도맡아 처리해 주는 사람이 누구냐에 따라 달라지는 것도 있다. 학교에 있는 아이 중 한 명이라도 더 신청했다는 것은 내겐 조금이라도 더 도움을 주려는 선생님의 다정함으로 와닿았다.

회의는 짧게 끝이 났다. 학생에 대한 지원에 이견이 없었기 때문이다. 교육청 팀장도 도내 학생들을 위해 이 기금이 전액 지원되고 있다는 사실에 놀라워했다. 회의 말미에 사회협력 업무를 맡은 팀장이 교육청 팀장에게 건의했다. 좋은 취지의 우수리 기금인데, 해마다 조금씩 모금액이 줄고 있어서 교육청 차원의 홍보를 부탁드린다는 얘기였다. 팀장도 돌아가면 홍보하겠다고 답했다.

조금씩 힘을 합치면 누군가에게 큰 도움이 된다는 게 십시일반의 마음이다. 내년도에는 우수리 기금은 늘고, 아픈 아이들은 줄어들기를 희망해 본다.

4
사람 사는
일이 그러하듯

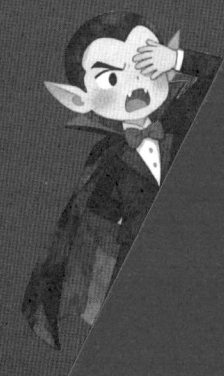

사장님의 헌혈 사랑

분기에 한 번 정도 헌혈을 하는 물류회사가 있다. 나이 많은 회장님이 젊은 시절부터 RCY와 봉사 활동을 열심히 하셨고 지역 사회에도 기부를 많이 하신 것은 익히 알았다. 그런데 화물 회사 규모에 비해 항상 헌혈자가 많아서 왜 그런지 이유가 궁금했다.

얼마 전 그 이유를 짐작할 수 있는 이야기를 들었다. 회장님이 헌혈한 직원에게 고생했다며 고기 사 먹고 영양 보충 하라며 5만 원씩 격려금을 주신다는 거다. 이만한 동기부여가 없다. 헌혈자를 우대하는 회사 복지로는 국내 기업 중 최고이다. 우리가 할 수 있는 일이라면 이런 기업에 표창을 드리는 것. 감사하는 마음으로 표창을 전해 드렸다.

하루에 두 번이나

2015년 5월에 있었던 일이다. 거창적십자병원에 민원이 들어와 조사하러 갔다. 팀원 중에서 이 분야를 가장 잘 아는 사람이 나였다. 거리상으로도 집에서 거창까지 제일 가까웠기 때문에 내가 가게 됐다. 거창은 대중교통으로 가기에는 불편한 곳이었다. 어쩔 수 없이 승용차를 가지고 갔다. 2시간을 운전해서 아침 9시 전에 병원에 도착했다.

오전 10시쯤 전화 한 통을 받았다. 모르는 번호였다. 전화를 받아보니 아주머니가 차를 빼달라고 했다. 병원 주차장이 협소한 데다 앞쪽 담벼락 아래로 다른 차들이 주차해 놔서 아주머니가 차를 쉽게 빼지 못하는 상황이었다. 그래서 옆자리에 있는 내 차를 빼달라는 거였다. 차를 빼주려고 나갔다. 차에 가까이 다가가 보니 앞쪽에 긁힌 자국이 선명했다. 아주머니가 차를 빼려고 넣었다 뺐다 반복하다가 내 차를 긁어놓은 거였다. 허탈한 웃음만 났다. 아주머니는 그때까지 영문을 모르고 있었다. 그래서 아주머니께 설명을 했다. 그제야 자기 차 뒷면에 긁힌 자국을 보고는 '협조 요청 모드'에서 '사과 모드'가 됐다.

아주머니는 나의 처분만을 기다리는 조마조마한 상황에 놓였다. 나도 머리가 멍했다. 새벽부터 장거리 운전을 해서 먼 출장을 왔는데 접촉 사고가 났으니 기분이 썩 좋지만은 않았다. 어떻게 해야 할지 알아보지도 않고 아주머니에게 "그냥 5만 원만 주고 가세요"라고 말했다. 차를 뽑은 지 1년밖에 안 돼 새 차나 다름없는데 수리비도 안 알아보고 그냥 불러버렸다. 아주머니는 일순간의 주저함도 없이 지갑에서 5만 원을 꺼내 나에게 건넸다. 그리고 쌩하니 갔다.

나 잘한 건가? 5만 원 불렀다가 손해만 본 것 같은데. 아주머니는 가고 잡스러운 생각이 잠시 내 머리를 맴돌았다. 에라 모르겠다. 어차피 벌어진 일이었다.

그렇게 사무실에 들어와 오전 일을 마쳤다. 병원 밖 식당에서 식사하고 들어오는데 이번에는 내 차 왼쪽 범퍼가 긁힌 게 보였다. 내 차는 분명 그 자리에 주차되어 있는데 하루에 두 번이나 이런 일을 당하다니. 아까는 오른쪽에서 긁더니, 이번은 왼쪽 범퍼에서 타이어 운전석 문짝까지 깊게 긁었다. 거기에다 운전자는 없었다. 난감한 상황이었다. 이 정도면 운전자도 분명 빠져나오면서 충격을 느꼈을 텐데, 모르쇠로 뺑소니까지 치다니 참 양심 없는 사람이라고 생각했다.

병원 총무계장이 내 얘기를 듣더니 본인도 당황스럽고 난감했나 보다. 병원 민원 건으로 본사에서 조사를 나왔는데 조사 담당자 차가 두 번이나 병원 주차장에서 사고가 났으니 말이다. 총무계장은 자신이 병원 바로 옆에 있는 경찰서에서 의경 생활을 했다며 이런 건은 경찰서에 신고하면 된다고 했다. 그렇게 함께 경찰서에 가 신고했다.

경찰 조사계에서 차량 사진을 찍었고, 경찰과 함께 CCTV를 점검했다. 다행히 CCTV에서 가해 차량을 확인할 수 있었다. 정말 일 저지르고 내빼는 차량같이 허둥대며 달아나는 모습이었다. 차량번호를 확인하고 돌아간 경찰에게서 연락이 왔다. 가해 차량 운전자와 통화가 됐다고. '물피' 건은 뺑소니 처리가 어렵다며, 보험 처리 하라고 해서 그러겠노라고 했다.

사고 운전자에게서 사과 전화를 받았다. 운전자는 이미 대구에 가 있었다. 정신이 없었고, 본인은 못 느꼈다고 한다. 처음에는 만날 듯하더니, 어디 그런가. 요즘 차량 보험이 다 들어가 있으니 다들 접수 후에 돈으로 해결하려 든다. 보험 뒤로 빠진다. 멀리 출장 와서 내가 수고해 뺑소니 차량을 찾아내고, 내 차는 또 시간 들여 고쳐야 하고. 1년밖에 안 된 내 차는 여기저기 수리의 흔적으로 중고차가 되게 생겼다. 접촉 사고 운전자에게도 보험사 직원에게도 사고 부위를 다 고치겠다고 선을 그어놨다. 양심이 있다면 뭐라고 못하겠지.

이렇게 나는 불과 하루 3시간 만에 두 번의 주차 사고를 당했다. 5만 원을 받아서 도색비가 부족할 거라고 생각했는데, 두 번째 사고 건으로 몽땅 수리를 해야 해서 5만 원이 남게 됐다.

"밑지듯 살라"는 말이 있다. 이득만 생각하지 말고 약간 손해 보듯 살면 사람들과 부딪힐 일도 없고, 때로는 이득이 되어 돌아오기도 한다.

회사 다니면서 논문 쓰기

나는 경영학부를 졸업했다. 인문대학이나 사회과학대학을 다닌 친구들은 졸업 논문을 썼다고 들었는데, 경영대 학생들은 시험을 쳐서 졸업했다. 그래서 나는 논문이 무엇인지 제대로 알지 못하고 대학을 마쳤다.

시간이 흘러 2013년 초, 대학원을 다니지도 않은 내가, 그것도 회사에서, 논문을 써야겠다고 마음먹게 된 일이 있었다. 논문이라고 하기는 거창하고, 정확히 말하자면 소논문이다. 회사에서 직원 대상으로 소논문 공모전을 개최했는데, 무심히 공고를 읽어 내려가다가 내 시선이 한곳에서 멈췄다.

'최우수상 수상자에게는 해외연수 기회 제공.'

구미가 확 당겼다. 다른 곳도 아니고 적십자운동의 발상지인 스위스 제네바와 이탈리아 솔페리노를 탐방시켜 준다는 게 아닌가. 적십자는 스위스 사람 앙리 뒤낭의 아이디어에서 시작됐고, 그 나라 사람들이 주축이 되어 만든 조직이어서 스위스에 국제본부가 있다. 스위스와 이탈리아를 가본다는 것은 마치 '성지순례'를 다녀오는 것과 다를 바 없다. 적십자에 몸담은 사람이라면 한 번은 꼭 가보고 싶은 곳이다. 나는 이번 공모전을 기회로 만들기로 결심했다.

마음은 이미 스위스로 향하는 비행기 티켓을 끊은 것처럼 들떴다. 문제는 학부 때도 소논문 한 번 써본 적이 없었다는 것. 들뜬 마음을 진정시키고 내가 처한 상황을 냉정하게 되짚었다. 그동안 논리적인 글을 안 써본 상태에서 자칫 분량만 채우려 하다가는 문제의식도 없고 내용도 짜깁기가 될 것 같았다.

대학 시절 철학 교수님께 S.O.S를 쳤다. 대학 4학년 1학기 때 이분의 철학 수업을 듣고 완전히 매료돼 2학기까지 총 9학점의 철학 수업을 들었다. 졸업 후에는 교수님께 내 결혼식 주례를 부탁드렸다. 내가 생각하는 주제가 과연 논문이 될 수 있을지 아니면 단순한 주장에 그칠지 궁금했다. 교수님께 그 얼개를 메일로 보내서 의견을 여쭈었다.

내가 생각한 주제는 회사와 관련된 법이었다. 우리 회사는 법적 지위를 가진 기관이어서 그 시대에 맞는 지위를 갖추기 위해선 조직법의 정리와 발전이 시급하다는 내용이었다. 교수님은 주제가 참 좋다고 하시면서, 법이 광범위해서 그걸 모두 다루려면 소논문이 아니라 용역 연구가 되겠다고 하셨다. 일부 내용을 상세히 집중해서 다루고 미국, 일본, 독일 등 다른 나라 적십자의 규정과 비교해보는 것이 좋겠다는 의견을 주셨다.

무엇을 집중적으로 다루지? 고민을 거듭하다가 적십자만큼 수많은 사람이 활동하고 참여하는 조직이 있을까 하는 생각을 떠올렸다. 오프라인 회원도 많고, 사업도 다양하며, 최근에는 온라인 회원을 허용하고 있는데 반해 회원에 대한 규정은 처음 만들어진 이후 한 번도 바뀐 적이 없다는 사실을 알게 됐다. 그래서 회원 제도에 대해 한번 써봐야겠다고 착안했다.

해외 자료가 필요했다. 국제협력팀에서 미국, 일본, 핀란드 적십자사 등 해외 적십자의 정관을 받아 우리의 회원 제도와 비교해 보았다. 한국 적십자 운동에 관한 연감도 쭉 훑어보면서 1905년 창립 이후 적십자 회원의 역사를 정리해 갔다. 스스로 하나씩 찾아가며 자료를 정리하다 보니 자연스럽게 공부가 됐다. 논문의 A-B-C도 모르던 내가 두 달여를 골몰하며 노력했다. 그 결과, 부족하지만 A4로 12페이지짜리 소논문을 처음으로 쓸 수 있었다. 완성했다는 뿌듯함이 마음속에서 차올랐다. 나는 교수님에게 논문을 최종적으로 검토받고 공모전에 제출했다. 스위스에 한 발짝 더 다가갔다는 기대감에 푹 빠져 있었다.

공모전의 결과가 발표되는 운명의 날이 다가왔다. 애타면서도 기다려지는 순간이었다. 나의 소논문은 '가작'으로 선정됐다. 꿈에서 깨어나는 시간이었다. 한여름 더위만큼 뜨거웠던, 스위스를 향한 나의 도전은 이렇게 끝이 났다. 대신 회사에서는 나에게 제주도 왕복 항공권 두 매를 보내주었다.

증권사 리포트를 읽은 이유

"직장인의 흥망성쇠가 보고서에 달렸다."《대통령의 글쓰기》(메디치미디어, 2014)로 유명한 강원국 작가가 쓴《회장님의 글쓰기》(메디치미디어, 2014)에 나오는 소제목이다.

사실 나는《대통령의 글쓰기》보다《회장님의 글쓰기》가 훨씬 재밌었다. 나는 엄연히 직장인이기 때문이다. 이 책은 글쓰기뿐 아니라 직장 상사의 심리, 소통, 관계 등 더 나은 직장 생활에 필요한 부분을 나에게 일러준 책이다. 글쓰기는 직장인에게, 특히 사무직 직장인에게 숙명과도 같다. 직장 생활을 하면서 나는 어떤 종류의 글을 썼을까 떠올려봤다. 기안문, 보도자료, 기고문, 연설문, 기획서, 제안서, 사업보고서, 감사보고서, 매뉴얼, 지침, 국감 답변서 등 종류도 다양했다. 잘 쓴다고 할 수는 없지만, 그래도 내가 맡은 글에 대해서는 내 글이 기록으로 남고 후배도 볼 것이라는 생각에 책임을 다해 썼다.

흔히 좋은 글을 쓰려면 많이 써봐야겠지만 많이 읽어보라고 한다. 그나마 내가 지금까지 꾸준하게 하는 일이 책 읽기와 신문 읽기라는 점은 다행스럽다. 최근에는 브런치에 올라오는 좋은 글을 보면서 많이 배운다. 이 밖에도 보고서를 쓸 때는 정부나 타 공공기관 보고서를 참고할 때가 많다. 생각해 보니 한때 뭐 이런 것까지 참고했냐고 할 만한 자료도 있었다. 바로 '증권사 리포트'였다.

감사실에 근무할 때였다. 2014년 7월 신임 실장이 부임했다. 이전 실장은 주로 감사원이나 타 공공기관 출신이었는데, 민간 기업 출신 실장은 처음이었다. 그는 금융권에서 정평이 난 인물이었다. 보고서의 완결성을 중시하고, 숫자에 빠르며, 1원이라도 돈이 맞지 않는 것을 용납하지 않는 철저함이 있었다. 변화의 시작일까. 그런 변화를 느끼는 데는 그리 오랜 시간이 걸리지 않았다.

감사 업무는 조사하고 정리해서 보고하는 게 일이다. 보고서에는 사업에 대한 평가 외에도 재무 상태, 손익 현황 등 경영 상태를 보여주는 자료가 많다. 그런데 신임 실장이 얼마 지나지 않아 부서 직원들을 한곳에 불러 모았다.

"이제부터 캑알로 합시다."

'뭔알이요?' 속으로 이게 뭔가 싶었다. 나는 이 부서에서 근무한 지 얼마 되지 않았다 하더라도 선배들도 처음 들어보았는지 다들 어리둥절한 표정이었다. 인터넷으로 검색해도 캑알이 뭔지 알 수 없었다. 알고 보니 연평균성장률을 뜻하는 CAGR_{Compound Annual Growth Rate}이라는 비즈니스 지표를 두고 한 말이었다. 이제까지 한 번도 내부 보고서에 등장하지 않았던 개념이었다. 그때 알았다. 지표

하나만 바꿔도 보고서가 입체적으로 바뀐다는 것을. 그때부터 모든 보고서에는 CAGR이 조미료처럼 빠짐없이 올라왔다.

이 밖에도 회장님께는 전문 외에 요약본을 별도로 만들어 보고했다. 나는 기관에도 도움이 되고 보고에도 유용한 경영효율성 지표를 새로 만들어보라는 지시를 받았다. 그런 지표를 만들기에 참고할 만한 자료가 뭐가 있을지 고민했다. 그러다 '아, 실장님이 증권사 출신이었지' 하면서 직장 상사에게 익숙한 형식인 '증권사 리포트'를 떠올렸다. 보고서를 만들어야 할 때마다 때때로 증권사 리포트의 표나 그래프, 용어를 참고하면서 이렇게 저렇게 응용했다. 한낮에 사무실에서 증권사 리포트를 보다가는 '저놈은 업무는 안 하고 주식만 하고 있네'라는 소문이 날까 봐 야간에 집에서 보곤 했다. 그렇게 보고서에 정성을 들였더니 실장의 '오케이' 사인도 빨라졌고, 나중에는 두꺼운 보고서까지 쓰게 됐다. 그럴 때마다 만족감을 느꼈다.

비슷한 생각이 모여 있으면 새로움을 얻기가 어렵다. 내부에도 장점이 많지만, 외부에도 분명 새롭고 참신한 생각들이 존재한다. 비영리 분야, 공공 분야도 이제 영리적 기법의 장점을 도입한다. 외부와 적절히 교류하고 사고가 섞이면 좋은 아이디어와 더 나은 성과가 만들어질 수 있다.

지금은 부서를 옮겨서 그때만큼 장문의 보고서를 쓸 일이 없다. 그럼 아직도 증권사 리포트를 읽고 있느냐고? 그때부터 증권사 리포트를 계속 읽고 내용까지 내 것으로 소화했다면 나는 보고서도 얻고 '코스피5000'에도 편승해 지금쯤 지갑도 두둑하게 되지 않았을까. 아쉽게도 나는 보고서도, 미래에 대한 대비도 아직은 미완성이다.

곰손 아빠의 그림 편지

 직장 생활을 하다 보면 타지에서 근무해야 하는 일이 생긴다. 우리 회사는 시도별로 기관이 운영되고 있어서 직급이 오를수록 광역 전보가 자주 난다. 나도 간부 직원이 되면서 광주전남혈액원으로 발령받아 또다시 가족과 떨어지게 됐다. 본사에 가서 근무한 적이 있어 이번이 두 번째였다.

 낮에는 사무실에서 사람들과 일하며 북적북적 생활하지만, 퇴근 시간이 되면 직원들은 모두 각자 가정을 찾아 돌아간다. 그때부터 매일 찾아오는 밤은 외로움의 자기 시간으로 남는다. 어떤 이는 그 시간에 골프나 헬스 같은 운동을 하고, 어떤 이는 동료와 저녁을 먹으며 사교를 하고, 어떤 이는 좋아하는 뭔가를 배우러 다니기도 한다. 나는 비슷한 처지의 원장님과 직원들과 저녁을 먹고 숙소로 돌아가곤 했다. 그래도 밤은 길어 시간이 남았다. 아이가 보고 싶어 그런가, 혼자 있는 시간은 몸은 편해도 깊게 잠도 오지 않고 재미가 없었다. 가족의 온기가 빠져 있기 때문이다.

 집으로 돌아가는 금요일이면 아이와 만나서 주말을 보낼 일로 즐거워졌다. 현관문 열리는 소리가 들리면 아이가 후다닥 달려와 내 품에 안길 생각을 떠올리며 고속도로에서 중간에 쉬지 않고 조금은 속도를 내서 달려갔다. 그렇게 집에 도착했지만 아이는 어느새 꿈나라에 막 들어가 다음 날 아침이 되어서야 온전히 만날 수 있는 날이 많았다.

그러던 어느 날 꽤나 충격받은 일이 있었다. 한 주 동안 만나지 못했던 아이에게 들려주고 싶은 이야기가 많아서 아이 곁에서 얘기를 시작했는데 아빠의 마음을 알지 못하고 아이는 긴 얘기를 듣기 싫어했다. 그게 아이가 자라고 있다는 신호이자 아이와의 거리라는 생각이 들었다.

나는 다음 월요일에 근무지로 돌아왔다. 차라리 한 주에 한 통씩 가볍게 손편지를 써서 돌아가는 주말 아이에게 줘야겠다고 생각했다. 아이가 좋아할 법한, 디즈니 캐릭터가 그려져 있는 이쁜 편지지를 사서 편지를 썼다. 시작부터 편지지 위에 횟수를 적었다. 첫 번째, 두 번째, 세 번째 편지 식으로. 어디까지 쓸지 체크하고 싶었다. 그렇게 시작한 손편지, 일곱 번째까지는 글자와 숫자로 횟수를 적었다. 그러다가 여덟 번째 편지에서 숫자 '8'이 눈사람 모양이라 엉성하게나마 눈사람 그림을 글자 옆에 그려보았다. 그랬더니 아이가 그림에 눈길이 갔는지 매우 좋아했다. 그러더니 "아빠. 다음은 아홉 번째 편지이니 신비아파트의 구미호를 그려줘"라고 요구했다.

난감했다. 곰손 아빠에게 그림 주문이라니. 어릴 적부터 그림 그리기를 좋아해 본 적도 학원 한 번 제대로 다녀본 적도 없었다. 그래도 어찌하랴. 아빠는 아이에게 기쁨을 주기 위해 노력하는 존재인걸. 일단 해보기로 했다. 아니 해야만 했다. 인터넷에서 신비아파트 구미호를 검색했다. 수많은 그림 중에서 내가 도전해 볼 만한 그림을 하나 정하고 똑같이 그려보기로 했다. 주중에 펜으로 여러 번 연습하고 편지지에 그렸는데 다행히도 그럴듯했다. 평가받는 마음으로 금요일 밤에 집으로 갔다. 기다리던 딸에게 구미호를 보여줬더니 아이가 귀엽다며 기뻐했다. 그리고 "아빠 다음 주에는 뭐 그려 줄 거야?"라고 기대하며 금요일이 돌아오기를 기다렸다.

　편지에 그림까지 그리려니 시간은 이전보다 몇 배 더 걸렸다. 주중에 그리지 못하고 수요일을 넘기면 마음도 급해졌다. 그러다가 요령이 생겼다. 방법은 이랬다. 인터넷에서 아이가 좋아하는 '만화 제목+색칠공부'를 검색했다. 이미지 중에서 입체적이지 않은, 그나마 쉬워 보이는 그림을 택해 그렸다. 어렵게 느껴질 땐 유튜브에서 '색칠공부' 영상을 찾아 봤다. 이면지에 그림을 몇 번 그려보고 준비가 되면 편지지를 놓고 그렸다. 만화 캐릭터라 머리가 잘 그려지면 나머지는 좀 틀려도 괜찮아 보였다.

　편지지는 처음에는 만화 캐릭터가 인쇄된 1000원짜리를 샀다. 디즈니 캐릭터, 애니메이션이 인쇄된 편지봉투로 아이 관심을 끌기 위해서였다. 그림을 그리기 시작하면서 500원짜리 흰 봉투 편지지를 사서 썼다. 편지봉투에 인쇄가 되어 있지 않고 면이 맨들맨들해 그림 그리기에 수월했다. 가격으로는 500원 절약이지만, 그리다가 실수를 많이 하는 경우에는 편지봉투 네 개를 한꺼번에 다 써버리기도 했다.

초기 시작과 비교해 편지 쓰기에 일정 부분 변화가 생겼다. 내가 그림을 그려서 주면 아이가 색칠을 했다. 내 그림의 소재는 만화 캐릭터였다. 올라프, 피카추, 심슨, 세일러문, 찰리 브라운과 스누피, 토토로, 곰돌이 푸, 미키 마우스, 카카오프렌즈 등 아이가 알 만한 캐릭터를 편지에 그렸다. 만화 캐릭터는 저마다 고유의 색이 있어서 색칠까지 더해지면 더 근사해졌다. 아이도 색칠은 본인의 몫이라고 인식해서 손도 못 대게 했다.

아이와 함께 완성한 편지이기 때문에 함께 만들어가는 재미가 있었다. 잘하든 못하든, 죽이 되든 밥이 되든 매주 한 편씩 포기하지 않고 그림 편지를 쓰다 보니 50번째를 넘었다. 아이가 처음에 50번까지 해달라고 해서 50번을 채웠다. 때마침 나도 다시 발령이나 집으로 돌아오게 됐다. 그렇지만 아이는 이제 100번까지, 아니 초등학교 5학년까지 해달라고 했다. 집으로 돌아오니 아이와 대면할 시간이 많아져 좋았지만, 오히려 그림 편지를 준비할 시간은 부족했다. 이 편지의 묘미는 결국 아이가 예상 못 하는 캐릭터를 그려서 건네주는 '서프라이즈'에 있다. 아이 눈을 피해서 작업하려면 아이가 잠든 늦은 밤이나 새벽 시간을 이용해야만 하는데 그것도 만만치 않았다.

간혹 아이는 감사하는 마음을 내게 표현하기도 했다. 퇴근하고 돌아왔더니 선물이라며 봉투에 작은 노트 한 개, 사탕 두 개, 쪽지 한 개를 담아 줬다. 쪽지에는 "아빠, 편지를 줘서 고마워요. 이 은혜 잊지 않을게요"라고 쓰여 있었다. 아빠로서 흐뭇할 따름이다.

그러더니 아이도 내게 그림 편지를 주기 시작했다. 나처럼 매주 한 번은 아니지만 떠오를 때 쓱쓱 그려서 줬다. 다섯 번째 편지까지 받았다. 나는 세상에 존재하는 만화 캐릭터를 따라서 그리지만, 아이는 자기 머릿속에 떠오르는 이미지를 그림으로 옮겼다. 아이가 더 창의적이다.

적은 비용으로 즐거운 추억을 만들었다. 그런데 이런 관심이 아주 오래갈 것이라는 생각은 안 했다. 아이 주변에는 재밌는 일들이 너무 많기 때문이다. 조금 지나면 관심사가 다른 곳으로 쏠릴 게 뻔하기 때문에 그림 편지는 그때 시기에 적합하다고 생각했다. 세상일에는 다 때가 있다. 그 시기를 놓쳐서는 안 될 그런 일들. 그래서 내가 하고 싶은 일이 아니라 아이가 하고 싶은 것을 곁에서 함께 하는 것이 중요했다. 그렇게 대망의 100번째 그림편지를 그렸다. 내 실력으로는 엄두도 내지 못했던, 그토록 그려보고 싶었던 겨울왕국 엘사로 편지를 마무리했다.

그렇게 곰손 아빠의 그림 편지는 끝이 났다. 정말 100주가 숨 가쁘게 지나갔다. 그림이 그려지지 않아서 머리를 쥐어짜던 밤, 내가 그리고도 잘 그렸다고 감탄했던 날, 아이한테만 그림을 그려준다고 삐친 아내, 내 편지를 기다리던 아이, 아빠가 그리고 아이가 색칠해서 완성한 과정들이 이 시간 안에 녹아 있었다. 행복한 시간이었다. 지나고 보니 이 모든 과정이 아이를 위한 것이기도 했지만 내가 성장하는, 나를 알아가는 과정이기도 했다.

부딪혀 보고, 경험해 봐야 내 것이 된다. 세상에 꾸준함을 이기는 것은 없다. 반복의 힘은 갈수록 커간다는 사실을 배웠다. 일 때문에 가족과 떨어진 시간은 서로를 그립게 만들었지만, 그 시간을 활용해서 아이와의 소중한 추억을 만들 수 있었다. 이제 그림 편지는 잊을 수 없는 우리 가족의 소중한 보물이자 선물이 됐다.

까치집을 철거하다

2022년 4월 말, 날이 더워져서 그런지 사무실에서 마스크 쓰고 일하는데 답답했다. 잠시 바람 좀 쐬려고 옥상 테라스에 나갔다. 그런데 거기서 시설 담당 주임이 뭔가 쳐다보고 있었다. 궁금해 가까이 다가가자, 인기척을 느낀 주임이 내 쪽으로 고개를 돌리며 이것 좀 보라고 말했다. 까치였다. 주임 말로는 까치가 나뭇가지를 물고 사무실을 찾아온 게 3년 만이란다. 보아하니 집을 지을 모양이었다. 그런데 하필 그 자리가 전봇대 변압기 앞이었다. 저 자리에 둥지가 생기면 화재나 정전으로 이어질 가능성이 있어서 그냥 넘어갈 수 없는 노릇이었다.

혈액원은 전력 문제에 민감하다. 혈액의 온도 유지 때문이다. 헌혈자로부터 채혈받은 혈액은 제제 후에 혈액냉장고에 보관된다. 그런데 전력 문제로 온도가 일탈하면 심각한 경우 혈액을 전량 폐기하는 상황까지 갈 수 있다. 그래서 우리는 까치의 입주를 환영할 수 없었다.

"상황을 지켜봅시다"라고 말하고 주말을 보냈다. 그사이 까치집은 모양을 다 갖춰 제법 커져 있었다. 우리는 한전에 까치집 철거를 요청했고, 다음 날 곧바로 한전 직원이 작업 차량을 끌고 사무실에 왔다. 작업 직전 현장에 내려갔더니 처음부터 작업 과정을 봤던 주임이 "까치가 영리하긴 한가 봅니다. 한전 차량이 들어오는 걸 보더니 바로 나뭇가지 하나 물고 저쪽으로 날아가더라고요. 날아가는 까치 얼굴이 처량해 보였습니다"라고 나에게 말했다.

눈 좋은 주임은 까치의 표정까지 봤구나. 그 표정은 어땠을까. 집을 잃은 상실감이 얼굴에 드러났을까. 한전 직원이 긴 막대기로 까치집을 헐어내는 데는 그리 오랜 시간이 걸리지 않았다. 안타깝지만 그래도 어쩌겠는가. 누군가를 돕는 일도 우리의 일이고, 시설을 잘 관리하는 것도 우리의 일인 것을.

전봇대는 말끔해졌는데, 까치의 처량했을 표정이 한동안 내 머릿속에 어지럽게 남았다.

황소 걸음으로

'그라운드에 선후배는 없다. 오직 선수만 있을 뿐이다.' 2002년 한일 월드컵을 준비하던 히딩크 감독은 한국 특유의 뿌리 깊은 위계질서를 깨기 위해 호칭 파괴를 단행했다. 축구는 경기 외적인 요소가 큰 영향을 미친다는 판단하에 합숙 훈련 때 최고참과 신참을 룸메이트로 묶는가 하면, 그라운드 안에서도 서로 이름을 불러 소통하도록 했다. 대화가 단절된 시스템은 성과를 낼 수 없다는 게 이유였다. 이러한 특단의 조치로 대표팀은 끈끈한 조직력을 갖춘 '원팀'이 됐고, 결국 4강 신화를 썼다.

이런 참신한 호칭 파괴는 바깥 조직의 일이라고만 생각했는데, 충북지사에서도 이런 시도가 있었다. 2010년 1월 신임 사무처장이 부임했다. 충북 출신으로 지역을 잘 알고, 얼리어답터인 데다, 강골에 뚝심 있는 분이었다. 오자마자 직원들에게 변화하라는 주문을 많이 했다. 얼마나 지났을까 전 직원에게 하나의 결정을 통보했다.

"이제부터는 직책을 부르지 말고 서로 아호로 부르겠습니다."
"예? 아호요?"

추사 김정희, 다산 정약용, 단재 신채호, 백범 김구와 같은 훌륭한 위인들이 이름 앞에 썼다는 그 아호 말이던가. 모두가 뜨악했지만, 우리는 순순히 뜻을 따를 수밖에 없었다. 누가 변화를 거역하리오.

드디어 나도 호가 생기게 됐구나. '그런데 뭐라고 짓지?' 고민은 깊어졌다. 처음에는 누가 만들어줬으면 좋겠다는 생각밖에 안 들었다. 그렇게 혼자 궁리했다. 이왕 짓는 거 자신을 검손하게 돌아보는 의미로 만들면 낫겠지? 너도나도 알게 쉽게 만들어야겠지? 그래도 아호에 뜻이 담겨야겠지? 차라리 영어로 지으라고 하셨다면 '톰'이나 '제임스', '브라이언', '마이크' 같은 것 중에서 아무거나 하나 골라 쉽게 결정할 텐데 말이다.

사자성어를 검색하는데 '우보牛步'라는 단어가 눈에 들어왔다. '호시우보虎視牛步, 호랑이처럼 예리하고 무섭게 사물을 보고 소같이 신중하게 행동한다'. '우보천리牛步千里, 소걸음으로 천리를 간다.' 우보가 들어간 게 두 개나 있었다. 뜻도 얼마나 근사한가.

'그래. 결정했다. 나는 우보로 할래. 우보.'

사무처장 방에 결재받으러 들어갔다가 "제 호는 우보로 정했습니다"라고 말씀드렸다. 그랬더니 "꼭 자기답게 만들었구만" 하는 평가를 들었다. 아마도 느긋한 성정을 가진 나에게 속도를 주문하고 싶으신데 느릿한 소걸음이라고 만들어 온 것에 대한 반어적인 표현처럼 들렸다. 그래도 우보가 좋았다. 다른 걸 만들어 낼 머리가 남아 있지 않았다.

지사회장님을 비롯한 직원 십여 명은 각자 아호를 만들었다. 나처럼 어딘가에서 따오거나 작명한 직원도 있었고, 지사회장님께 청해서 호를 받은 직원도 있었다. 선도, 송암, 반송, 우보, 상촌, 분도, 오각 등 정말 다양한 이름과 뜻을 가진 아호가 만들어졌다.

아호가 만들어졌으니 이제 부를 일만 남았다. 서로 이름이나 직급을 빼고 불러야 했지만, 오랫동안 해오던 걸 바꾸는 일은 쉽지 않았다. 습관이 그래서 무서운 거다. 아호를 부르려다가도 선배들과 눈이 마주치면 웃음부터 났다. 호칭이 입에 잘 붙지 않으니 민망하기 일쑤였다. 때론 그전처럼 직함을 부르다가 사무처장이 나타나면 아호를 부르기도 했다. 뭐든 뿌리를 내리고 열매를 맺으려면 시간이 걸린다는 걸 체감했다.

'아호 프로젝트'는 끝내 정착되지 못했다. 사무처장이 8개월 만에 다시 본사로 발령 났기 때문이다. 우리는 더 이상 아호를 부르지 않았다.

돌이켜보면 당시에는 무척이나 생경한 일이었지만 앞선 시도였고, 색다른 도전이었다. 호칭 파괴를 통해 단기에 큰 변화를 이끌어내기는 어렵다. 오랜 전통을 가진 조직일수록 더더욱 그렇다. 그때나 지금이나 대한적십자사에서 이런 호칭 파괴를 했다는 이야기를 나는 들어보지 못했다. 미래는 어떻게 될지 모르겠지만 말이다.

공짜 택시

청탁금지법이 개정되어 농수산물과 농수산가공품 선물은 15만 원, 특히 설날과 추석에는 30만 원 선물까지 공직자가 받을 수 있게 됐다는 기사를 봤다. '나도 공직자이니 이제 명절에 30만 원까지 받을 수 있게 됐구나.' 하지만 말이 그럴 뿐, 적십자에서 20여 년간 일했지만 그런 고가의 선물을 주는 이도 없었고 앞으로 받을 일도 없을 것이다. 오히려 '이런 정도의 선물을 받는 공직자는 도대체 어떤 공직자일까' 하는 궁금증이 들었다. 우리가 무슨 이권이 있는 기관도 아니고 기부받고 헌혈받아 운영하는 기관에서 어림도 없는 일이지 않을까.

돌이켜보면 비록 큰 선물은 아니어도 생일날 동료의 카톡 선물 같은 작은 선물 정도는 살면서 받지 않았나 싶다. 2006년 재원조성 업무를 할 때였다. 연초는 회비 모금 기간이라서 평소보다 사무실에 일찍 출근해야 했다. 내가 살던 동네는 순환 버스가 다녔는데, 시간이 안 맞으면 한참을 기다려야 했다. 집에서 사무실까지 택시비가 많이 나올 거리도 아니어서 택시를 잡았다.

"충북적십자사로 가주세요."

"죄송한데요. 적십자사가 어디 있지요?"

기사님은 택시 운전을 한 지 얼마 되지 않았다면서 적십자사 위치를 되물었다. 도청 뒤편에 충북적십자사가 있다고 알려드렸다(현재는 이전했다). 대기업에서 퇴직한 지 얼마 안 됐다는 기사님과 소소한 대화 몇 마디를 주고받으면서 사무실에 도착했다. 며칠 뒤 나는 아침 일찍 나와서 집 앞에서 또 택시를 잡았다. 그런데 그 기사님이었다. 기사님도 나도 서로를 알아보았다.

"두 번이나 만나다니 다음에 또 만나면 택시비는 공짜로 해드릴게요." 기사님이 기분 좋게 말씀했다. 그게 어디 쉬운 일인가. 그러고 2주 정도 흘렀을까. 아침에 택시를 탔는데 그 기사님을 다시 만났다. 서로 깜짝 놀랐다. '이게 뭔 인연이람. 이런 경우가 확률적으로 얼마나 되려나.' 속으로는 기사님의 약속을 기억하고 있었지만, 나는 아무 말 하지 않았다. 사무실에 도착해 택시비를 내려고 했다. 기사님은 자기가 말한 약속을 지킨다며 택시비를 받지 않았다. 얼마 후 나는 다른 동네로 이사했다. 그 후로는 기사님을 뵙지 못했다. 나는 이때 일을 내 삶의 행운쯤으로 기억한다.

적십자에서 일하면서 큰 선물이 보상으로 돌아올 거라는 기대는 애초에 하지 않는다. 그건 이 일과 어울리는 생각이 아니다. 하지만 이런 정도의 운수 좋은 날은 살다 보면 한 번씩 찾아온다. 누군가 고생한다며 건네주는 커피나 박카스를 마시게 되는 날들 말이다.

내복이 필요한 날

평소 내복을 입지 않는다. 불편하고 갑갑하다. 하지만 내복 하의 하나는 필수로 갖고 있다. 동절기에 요긴하게 입을 날이 있기 때문이다. 설 명절 마지막 날 오후, 서랍 안에 있어야 할 내복을 찾는데 도통 눈에 보이지 않았다.

"여보 내 내복 못 봤어?" 하고 큰 소리로 아내를 부르니, "사줘 봐야 소용도 없어. 옷 정리하면서 안 입는 거 싹 버렸어"라고 말하는 게 아닌가. 맙소사, 다음 날 바로 내복을 입어야 하는데 말도 없이 버리다니. 안 쓸 돈을 다시 쓰게 생겼다.

내복을 찾은 건 헌혈 캠페인에 나가기 위해서였다. 명절 전 혈액 보유량이 계속 3일치를 밑돌았다. 연휴가 지나면 보유량이 더 낮아질 게 자명해서 회사에서는 자체 대책 회의를 열었다. 연휴 끝나고 첫 출근 하는 날 오후에 캠페인을 하자는 안건이 올라왔다. 듣고 있던 나는 이왕 할 거면 교통량이 많은 아침 시간에 캠페인을 하는 게 어떻겠냐고 의견을 냈는데, 그 의견이 반영됐다. 겨울이니 추운 거야 당연하고 캠페인 나가는 것도 한두 번이 아니지만, 그날이 한파

경보가 예보된 날인지는 나중에야 알았다. 워낙 강추위라 안전 문제가 걱정됐지만 미룰 수 있는 상황도 아니어서 직원들은 예정대로 캠페인에 참가하기로 했다.

2023년 1월 25일 아침은 혹독하게 추웠다. 청주의 아침 기온은 영하 16도. 나는 집 근처에 사는 선배 팀장을 태워서 청주 상당공원으로 향했다. 이날 캠페인에 참가하는 인원들은 팀별로 한두 명씩 총 열 명. 우리는 큰 사거리를 중심으로 인원을 반으로 나눠 현수막과 피켓을 들었다. 나는 현수막 한쪽을 붙잡고 섰다. 현수막에는 "혈액이 많이 부족합니다. 헌혈에 동참해 주세요"라는 글귀가 적혔다. 신호가 바뀌고 차량이 대기하면 사람들은 우리 쪽 현수막을 보았다. 투명한 버스 유리창 안에서 사람들이 고개를 돌려 쳐다보는 시선을 느낄 수 있었다.

걷고 몸을 움직이면 덜 추울 텐데 제자리에 서서 캠페인을 해야 하다 보니 더 춥게 느껴졌다. 해가 건물 위로 오르면 조금 나을 텐데 오늘따라 왜 이리 늦게 떠오르는지 자꾸 신경을 쓰니 오히려 시간만 더디게 갔다. 손가락 끝과 발가락 끝이 가장 시렸다. 혈액순환이 안 돼서 그런가 싶었다. 모두 마스크를 쓰고 있었는데, 한 후배는 눈썹과 눈썹 사이에 하얗게 얼음이 맺혔다. 나도 마스크 안이 축축하게 젖었다. 그렇게 아침 캠페인을 잘 마쳤다.

이슈가 됐는지 방송사도 나와 촬영을 해갔다. 모든 소품을 정리하고 직원들은 몸을 녹이기 위해 가까운 커피숍으로 가 따뜻한 차를 한잔씩하고 사무실로 돌아왔다. 차 마시던 중에 아내에게서 "살아 있어?"라고 문자가 왔다.

그해 겨울은 눈도 많고 추위도 매서웠다. 날이 추우면 사람들은 밖으로 나오지 않는다. 하지만 혈액은 매일 필요하다. 헌혈은 비대면으로 가능하지 않다. 어떻게든 사람들을 헌혈 차량이나 헌혈의집으로 이끌어내야 한다. 혈액원에 근무하면 혈액이 부족할 때 직원들이 캠페인에 나서는 이유다. 사무실로 돌아가 업무를 하는데 아침부터 밖에 있어서 그런지 한기가 들어 피곤이 몰려왔다. 집으로 돌아와 따뜻하게 샤워하고, 쉬면서 아내에게 한마디 건넸다. "여보 나 내복 언제 입는지 알겠지? 그러니 내복 버리지 마."

14년 만에 돌아온 총회

2010년, 후배는 4년간 다니던 회사를 그만두었다. 결혼하면 남편 될 사람과 함께 미국으로 유학을 떠나기로 했다고 말했다. 가뜩이나 사람 적은 지사에서 유일한 후배마저 떠나니 나는 입사 8년 차에 다시 막내가 됐다.

곧 인사발령이 났다. 이미 예상했듯이 후배가 하던 사회봉사 업무를 내가 맡게 됐다. 구호 업무를 맡은 지 9개월 만의 이동. 나는 이 일을 3년은 할 거라 생각했고, 적응이 끝나면 대학원에 지원해서 공부하려고 했는데, 이번 발령으로 나의 계획은 무산됐다.

그때만 해도 사회봉사 담당은 주로 여성이 맡았다. 봉사원 대다수가 여성이고 자문 조직인 여성봉사특별자문위원회를 전담해야 했기 때문이다(지금은 남녀 구분 없이 한다).

일복 많은 사람은 어디를 가도 일이 쫓아온다지. 아니, 이번 경우에는 일이 나를 "어서 오쇼" 하며 기다리고 있었다. 매년 4월이면 전국의 자문위원들이 한곳에 모여 총회를 개최한다. 지역별로 돌아가면서 진행하는데, 14년에 한 번 돌아오는 총회가 딱 1년 앞으로 예정되어 있었다. 500여 명 규모에 외빈도 많아서 행사면 행사, 의전이면 의전대로 신경 쓸 게 많은 게 총회다. 매년 열리는 총회가 뭐가 다르겠느냐 할 수도 있다. 4년마다 개최되는 올림픽으로 그 나라의 국격을 보여주듯이, 14년 만에 돌아오는 총회이다 보니 전국에서 찾아오는 자문위원들에게 지역에 대한 좋은 인상을 심어주기 위해 각별하게 신경 쓸 수밖에 없다. 14년이면 강산이 변해도 꽤 많이 변했을 기간이 아닌가.

제50차 총회는 2011년 4월 13일에서 14일로 잡혔다. 잘 맞아떨어진다면 청주 무심천의 아름다운 벚꽃을 볼 수 있는 시기였다.

행사가 잘되려면 몇 가지 조건이 잘 맞아야 한다. 첫째, 날씨가 좋아야 한다. 비가 오거나 날씨가 흐리면 행사가 시작부터 어긋날 수밖에 없다. "기상청에서 워크숍을 해도 비가 온다"라는 우스갯소리가 있듯이 세상일은 예측할 수 없다. 더욱이 1년 전에 날짜가 잡힌 행사다. 다행히 총회가 실내에서 진행되는지라 이 부분에 대한 걱정은 일부 덜었다. 둘째, 장소가 좋아야 한다. 500명이 한자리에 모여서 회의하고 식사하고 잠을 잔다. 그만한 공간이 있어야 한다. 때마침 새로 생긴 호텔이 있어서 이 부분도 해결됐다. 여기 아니면 대안도 없었다. 셋째, 행사 내용이 알차야 한다. 앞으로 1년 동안 채워야 할 가장 중요한 숙제였다.

총회 준비에 맞춰 자문위원회 준비단도 새로 꾸려졌다. 경험과 덕망을 갖춘 위원이 총회를 위해 다시 위원장을 맡았다. 감각 있는 두

위원이 부위원장과 총무를 맡았다. 사무국은 본사, 여성봉사특별자문위원회와 수시로 협의하면서 프로그램을 하나씩 확정 지었다. 무대와 영상은 업체를 선정해 진행했다. 행사장 뒷면에 자원봉사 활동을 상징하는 커다란 현수막을 제작해 게시하기로 했다. 1일 차 저녁 특별 만찬과 공연이 중요했다. 연예계 쪽으로 인맥이 넓은 위원이 있어 그 덕분에 전문 방송 사회자를 재능기부 차원에서 데려올 수 있었다. 그렇게 점검과 재검을 거친 뒤 드디어 행사 당일 전국의 위원들을 맞이했다.

1박 2일간의 행사는 큰 문제 없이 매끄럽게 진행됐다. 행사 진행자 입장에서는 늘 긴장의 연속이다. 그래도 시작이 반이라고 개회식이 잘 마무리되니 이후는 술술 흘러가는 느낌이었다. 특별 만찬 공연도 흥겨웠다. 특히, 충북 자문위원들은 이 자리에서 오랫동안 준비했던 공연을 직접 선보였다. 이색적이기도 했고 참가자들이 함께 따라 하는 등 호응이 좋았다. 다음 날 오전 회의에서는 지난해를 마무리하는 결산과 새해 봉사 활동에 대한 후원 계획도 의결됐다.

우리는 가용할 수 있는 자원 내에서 최고 프로그램을 선사하기 위해 노력했다. 충북 자문위원들은 전국의 위원들이 돌아가는 버스에서 먹을 수 있도록 일일이 떡을 준비하는 세심함도 놓치지 않았다. 다행스럽게도 행사 기간 날씨가 맑아서 전국의 자문위원들은 청주 무심천 도로에 만개한 벚꽃을 보면서 돌아갈 수 있었다.

행사의 삼박자를 이야기했지만 하나가 더해져야 하지 않을까. 바로 준비하는 사람들의 호흡이 잘 맞아야 한다. 사무국 전 직원들, 행사를 지원하기 위해 나온 봉사원들 그리고 여성봉사특별자문위원들 모두가 합심해서 노력했다. 회의는 회의대로, 공연은 공연대로 짜임새 있는 총회였다는 평가를 받았다. 다들 기분이 좋아 보였다. 잘 진행된 행사는 그 조직을 더욱 단단하고 끈끈하게 만들지만, 잘못 진행된 행사는 그 조직을 와해시킬 수도 있다는 것을 이 행사를 통해 배웠다.

이제는 온라인 카페 문을 닫아야겠다

하고 싶은 일이 있었다. 펀드레이저가 되고 싶었다. 펀드레이저는 기금의 목적과 필요한 자금 규모를 분석해 개인과 단체의 기부 활동을 독려하고 기부가 이뤄지도록 기획하는 직업 또는 관련 전문가를 일컫는다. 일명 모금 전문가다. 나는 입사 전부터 펀드레이징에 관심이 있었다. 이 분야가 점차 커질 거라고 봤고, 스페셜리스트가 되어야겠다고 생각했다.

여러 모금 기관을 놓고 고민하다 적십자에 지원했다. 적십자는 기부자도 많고, 기부금 규모도 큰 단체였다. 하지만 모금 업무를 당장 하고 싶은 내 마음과는 달리 적십자는 순환근무제로 돌아가는 조직이었다. 모금과 집행이 동시에 가능한 조직이다 보니 직원들은 모금 부서, 사업 부서, 관리 부서를 순환하며 근무해야 한다.

처음 맡은 업무는 서무였다. 나는 빠른 시일 내에 모금 부서로 배정받길 원했다. 소규모 지사이다 보니 모금 부서가 별도로 있지 않았다. 총무 부서에 모금 업무 담당자가 한 명 있었다. 입사하고 1년 9개월쯤 흘렀을 때 모금을 담당하던 선배가 팀장으로 승진하면서 드디어 내가 그 업무를 맡았다.

하고 싶은 일을 맡게 되니 신이 났다. 모금은 기관의 재정이고, 조직 운영의 동력이라 그 목표를 달성하는 과정이 때로는 피 말리는 압박과 스트레스로 돌아오기도 했다. 이미 예상했고, 각오했던 바다. 나는 받아들일 준비가 되어 있었다. 실무를 하면서 모금에 대한 공부를 열심히 했다. 기부 관련 책을 사서 읽고, 서울에서 열리는 모금 교육에도 시간을 내어 수강했다.

당시 기부 관련 책이라고는 시중에 몇 권 나와 있지 않았다. 자료가 적어 미국에서 발간되는 모금 잡지를 구독해서 보기도 했다. 타 단체에서 진행하는 모금 강좌를 몇 번 가봤는데, 강사가 나와 업무 연차가 크게 나지 않는데도 벌써 전문가로서 앞에서 강의하는 모습을 보니 부러웠다. 그 자리에 선 내 모습을 그려보면서 일을 했다.

내가 그리던 커리어패스는 계속 이어지지 않았다. 2009년 이후 구호, 사회봉사, RCY, 인사 등 사업과 관리 업무를 했다. 모금과 사업을 두루 하면서 기부금이 어떻게 현장에서 집행되는지 잘 이해하게 됐지만, 모금 업무를 한동안 다시 맡지 못하면서 그 일만의 전문성이 단절됐다. 반면에 기부자도 만나고, 수혜자도 만나고, 봉사자도 만나고, RCY 학생도 만나고, 선생님도 만나고, 공무원도 만나고, 기자도 만나면서 다양한 경험을 쌓았다. 경험만큼 이야깃거리도 많아졌다.

한때의 내 희망 사항이 흔적으로 하나 남아 있다. 모금 업무를 하던 2006년도에 의욕적으로 포털사이트에 카페를 하나 만들었다. '기부발전소'라는 이름의 카페였다. 펀드레이징 업무를 하는 사람들의 정보 교류의 장을 만들고 싶었다. 여차저차 사정 탓에 그리고 모금 업무와 멀어지면서 카페는 만들어놓기만 하고 자연스럽게 방치됐다. 오랜만에 다시 보니 회원은 네 명에다가 워낙 글도 없었지만 2015년 이후로는 아무 글도 올라와 있지 않았다. 성인 광고도 돌아다녔다. 마치 잡초만 무성하게 자란 버려진 수풀 같았다. 아무 글도 올라오지 않는 이 사이트를 나는 왜 끌어안고 있었을까. 이제는 온라인 카페 문을 닫아야 할 때가 된 것 같다. 이 글 속에 그 추억만 고스란히 남긴 채 말이다.

수박떡과 바나나떡

2022년 임인년 새해가 밝았다. 광주전남혈액원에도 인적 변화가 있었다. 함께 근무하던 팀장 세 분이 떠나고 후임으로 새로 세 분이 왔다. 한 분은 광주전남 지역 내에서 기관을 옮기셨지만, 나머지 두 분은 서울과 경남 등 멀리 타지에서 왔다. 회사 내에는 "적십자가 명색이 이산가족을 상봉시켜 주는 기관인데, 일 때문에 가족과 떨어져 이산가족으로 산다"라는 우스갯소리가 있다. 전국에서 활동하다 보니 어쩔 수 없는 노릇이다.

새해 첫 근무일 오전, 지사에서 빵 나눔 봉사와 시무식을 한다고 해서 인사차 나갔다가, 점심시간이 끝나갈 무렵에야 사무실에 돌아왔다. 간단하게 양치하고 자리에 앉아 그룹웨어에 올라온 문서를 하나씩 결재하고 있었다. 그런데 사무실 문 열리는 소리가 들리더니 곧이어 직원들의 목소리 톤이 높아지면서 즐겁게 얘기하는 소리가 내 방까지 흘러 들어왔다.

"떡 드세요" 소리에 하던 일을 잠시 멈추고 나가 봤다. 테이블 접시 위에 빨간 수박떡과 노란 바나나떡이 듬뿍 놓여 있었다. 요즘은

떡도 참 보기 좋게 만든다. 이렇게 과일 모양으로 만든 떡은 처음 봤다. 웬 떡인지 영문을 물어보니 경남에서 온 팀장을 잘 부탁한다며 이전 기관 부서 직원들이 보냈다는 것이다. 그 마음이 너무나 따뜻하고 좋았다.

나도 작년 이맘때 이런 과분한 사랑을 받았다. 현 기관으로 부임했을 때 멀리 청주에서 봉사원 세 분이 예고 없이 광주로 내려오셨다. 어리버리 신임 팀장 응원도 하고 회사 직원들에게 잘 봐달라고 찹쌀떡을 많이 해 오셔서 원내에 있는 직원들에게 다 돌렸다. 낯선 지역에 홀로 떨어진 나에게 응원군으로 등장해 주셔서 얼마나 마음이 든든하고 감사했는지 모른다. 그 덕분에 시작을 무난하게 잘했던 것 같다.

직장에서 만난 사람들은 일로 만나는 관계다. 때로는 그 관계로 인해 마음에 상처를 받기도 하지만 이처럼 서로가 서로에게 힘을 주기도 한다. 새로 온 팀장이 그동안 잘하셨기에 가능한 일이었다고 본다. 관계도 어떻게 마음먹느냐에 따라 변화하고 돈독해질 수 있다. 마음과 마음이 서로 통한다는 '이심전심'은 'GIVE AND TAKE'의 'GIVE'에서 먼저 출발하는 것이 아닐까.

뉴욕적십자사에 걸린 대한적십자사 조끼

어릴 적 해외에 가보고 싶은 꿈이 있었다. 요즘은 아이들도 일찍부터 부모와 함께 해외를 자주 다니지만, 나는 대학 시절까지 그런 기회가 거의 없었다. 제주도도 신혼여행으로 갔던 게 처음이었다. 적십자에 들어오면 해외에 갈 기회가 생기겠지 하는 마음이었는데, 정말 운이 좋아서 입사 5년 차인 2008년에 회사 단기 연수 프로그램에 합격했다. 퇴임한 한 총재님이 직원들에게 교육 기회를 주면 좋겠다고 돈을 냈고, 회사는 그 돈으로 3년간 매년 네 명씩 선발해 해외로 연수를 보내는 프로그램을 만들었다. 나는 두 번째 해 대상자로 선발됐다.

3개월 기간과 학비 일부가 지원됐다. 무언가에 도전해서 선발됐다는 성취감 그리고 업무를 떠나서 새로운 세계를 경험할 수 있는 재충전의 시간을 갖게 된 점이 나는 무엇보다 좋았다. 아내에게 합격 소식을 전하면서 "당신도 갈 거야?"라고 물으니 "당연히 땡빚을 내서라도 가야지"라고 해서 크게 웃었다. 나는 아내와 함께 연수를 떠나기로 결정했다. 당시 우리 부부에겐 아이가 없었고, 나도 아내와 떨어질 생각이 없었다.

　어학원에 가서 어느 나라로 갈 것인지 상담했다. 영어권 국가를 가본 적이 없어서 아는 게 없었다. 설렘도 있었지만, 걱정도 많았다. 처음에는 뉴욕처럼 번화한 곳이면 좋겠다고 생각했다. 그런데 2008년 금융위기 때라 환율이 하늘 높이 치솟았고 마땅한 숙소도 구할 수 없어서 방향을 틀었다. 그동안 일에 매몰되었기에 조금은 한적하고 조용한 곳에서 시간을 보내도 좋겠다고 어학원 직원에게 얘기했다. 그는 캐나다 '나이아가라 칼리지'를 소개했다.

　그렇게 그곳에서 한 달을 평온하게 보냈다. 웰랜드, 폰트힐, 나이아가라 등 낯설었던 동네도 조금씩 익숙해졌다. 그 무렵 학교는 여름학기를 마치고 1주일간 짧은 방학에 들어갈 예정이었다. 먼저 온 친구들에게 방학 때 뭘 하며 보냈냐고 물어보니 주로 여행을 다녀왔다고 했다. 어디가 갈 만하냐고 물어보니 뉴욕이 좋다고 추천했다. 유학생이 많은 곳에는 여행사와 관광상품이 있다. 인터넷에서 뉴욕으로 가는 상품을 찾아볼 수 있었다. '그래. 이왕 온 김에 구경이나 실컷 하자. 나중에 피가 되고 살이 될 거야.' 그런데 나이아가라에서 뉴욕까지 버스로 가는 코스는 너무 힘들어 보였다. 편도로 10시간 넘게 버스를 타야 했다. 그래서 우리 부부는 국경을 넘어 미국 버펄로 공항에서 비행기를 타고 뉴욕에 가기로 했다.

　항공도 숙소도 직접 예약했다. 집주인에게 방학 때 뉴욕에 다녀올 거라고 알렸다. 집주인은 집에서 버펄로 공항까지 곧장 가는 콜택시를 알려주었다. 드디어 디데이가 되어 비행기 시간에 맞춰 콜택시를 탔다. 그런데 간과한 게 있었다. 국경 넘기를 너무 쉽게 생각했다. 육로로 넘을 때 어떤 절차를 거치고, 얼마나 시간이 소요되는지를 사전에 꼼꼼하게 고려하지 못했다. 택시 타면 곧장 공항까지 달려가는 줄만 알았다.

우리는 입국 심사를 받기 위해 어쩔 수 없이 택시에서 내려야만 했다. 처음 닥친 일인 데다 긴장이 되어서 영어는 잘 들리지도 않고 말도 잘 안 나와 상황은 더욱 암울해졌다. 가까스로 주변 도움을 받아 우왕좌왕하면서 몇 시간 대기한 뒤에 미국 입국을 겨우 승인받았다. 버펄로 공항에 도착하니 비행기는 이미 떠난 뒤였다. 항공사 창구에 가서 다시 티켓을 끊어야 하느냐고 물으니 다음 날 첫 비행기를 태워줄 수 있다고 했다. 돈이 이중으로 안 들어가서 다행이었다. 공항 의자에 누워 새우잠을 자고 다음 날 첫 비행기로 뉴욕에 도착했다.

뉴욕은 화려한 도시였다. 책 제목처럼 꿈꾸는 사람들의 도시고, 볼거리가 많은 도시라는 느낌이 들었다. 미술관도 많고, 관광명소도 많다. 머무는 동안 많은 곳을 다녀볼 계획이었지만, 아내에게 꼭 한 곳은 가봐야 한다고 말했다. 바로 미국적십자사 뉴욕지사였다. 연수를 떠나기 전에 직장 선배에게 부탁받은 게 있었다. 선배는 안전 업무를 담당했는데, 현지 적십자사에 가게 되면 그곳에서 발행된 최신 《응급처치법 First Aid》 책을 사달라고 했다. 적십자수품센터(적십자 활동에 필요한 물품을 파는 곳)가 한국에는 서울지사 내에 있듯이, 인구 800만이 사는 뉴욕의 적십자사에 가면 수품센터도 있고 책도 팔 거라는 생각이 들었다.

여행 3일 차에 뉴욕적십자사를 찾아갔다. 예상대로 수품센터가 있었다. 다양한 교재들이 판매용으로 진열되어 있었다. 책이 두꺼워 무게 때문에 많이 사지는 못하고 두 권만 구매했다. 그런데 갑자기 내가 언제 또 여기를 다시 찾아올 수 있을까 하는 생각이 들었다. 용기를 내서 데스크에 있는 직원에게 한국에서 온 적십자 직원이라고 소속을 밝힌 뒤 내부를 혹시 견학할 수 있느냐고 물었는데, 오늘은 담당자가 자리에 없어서 내일 다시 와보라는 답변을 들었다.

담당자가 없어서 안 된다고까지만 들었다면 나는 마음을 접었을지 모른다. 그런데 내일 다시 와보라니 다음 날 다시 뉴욕적십자사를 찾아갔다. 어제 왔다 간 사람이라고 얘기하니 현관에 있던 직원이 전화를 한 통 했고, 잠시 후 한 직원이 내려왔다.

국제 업무를 담당하는 B였다. 그는 얘기를 들었다면서 우리 부부를 친절하게 응대했다. 1시간가량 강습실, 사무실, 재난상황실, 기자 브리핑룸을 구경했다. 운영 시스템에 대해서도 자세하게 설명을 들었다. 내가 근무하는 지사가 충북도를 관할하고 있지만, 뉴욕에 비하면 규모는 훨씬 작다. 그곳의 재난구호 시스템이 상당히 선진화되어 있다고 느꼈다. 예고 없이 불쑥 찾아온 나를 위해 귀한 시간을 내어주고 견학까지 시켜준 그 직원이 고마웠다. 마지막으로 떠나기

뉴욕적십자사에 걸린 대한적십자사 조끼.

전에 현관 데스크 앞에서 함께 사진을 찍었다.

뉴욕 여행을 마치고 캐나다로 되돌아가서 사진과 함께 감사 메일을 보냈다. 그는 더 많은 시간을 함께하지 못해 아쉬웠다면서 사무실 벽면에 대한적십자사 조끼를 게시하고 싶다고 했다. 뉴욕적십자사는 자사를 방문한 각국 적십자사의 조끼를 벽에 게시하는데, 대한적십자사 관계자는 이제까지 한 번도 방문한 적이 없었나 보다.

3개월 연수를 마치고 한국으로 돌아와서 지사회장님께 뉴욕적십자사 방문을 보고하면서 적십자 조끼를 뉴욕으로 보내면 좋겠다고 말씀드렸다. 흰색 구호조끼를 뉴욕적십자사에 보낸 얼마 뒤 사무실 한쪽 벽면에 구호조끼를 잘 부착했다며 메일로 사진을 받았다. 뿌듯했다. 이 과정을 함께 한 아내는 나를 자랑스럽다고 치켜세웠다. 개인 블로그에 이때 일을 짤막하게나마 글로 올려두었다.

몇 년이 지났는데 한 후배가 찾아와 "과장님, 얼마 전에 저 뉴욕을 다녀왔는데요, 검색하다가 과장님 글 보고 저도 뉴욕적십자사에 다녀왔어요"라고 하는 게 아닌가. '아 이것도 도움이 되는구나.' 그 후 또 다른 후배도 뉴욕에 갔다가 뉴욕적십자사를 방문했다고 얘기해 줬다. 이때를 떠올리면 그냥 돌아가지 않고 견학하길 잘했다는 생각이 든다. 짧은 글이라도 사진이랑 함께 블로그에 올려두길 잘했다. 경험과 글은 나를 위한 것이기도 하고, 주변을 위한 것이기도 한 것 같다.

소소한 배지 컬렉션

컬렉션에 꽂힌 사람들이 있다. 고가의 미술품, 새로 나온 우표나 주화, 책이나 음반, 골동품 등 종류는 각기 달라도 희귀한 물품을 수집하는 데 진심인 사람들이다. 자기 취향이 분명하고 열정이 있어야 컬렉션이 가능하다. 자본까지 충분하다면 컬렉션은 한층 화려해진다. 우리는 그런 수집가들의 컬렉션을 전시회에서나 언론을 통해 종종 본다. 물론 세상에 드러내지 않고 수집가 혼자서만 보는 경우도 있을 테지만.

베이징 동계올림픽 기사를 검색하다가 올림픽 배지 컬렉션에 죽고 사는 수집광들 이야기를 보았다. 핀 트레이더Pin Trader들이다. 핀 트레이딩pin trading은 올림픽 기념 배지를 교환하는 문화다. 장외 올림픽이라 불릴 정도로 반응이 뜨겁다고 한다. 올림픽이 열리면 전 세계 올림픽 배지 수집가들이 새롭게 생산된 핀을 모으기 위해 모여든다. 사진으로 봤지만 배지가 어마하게 많다.

올림픽 배지는 1896년 아테네 올림픽에서 심판과 선수, 관계자를 구분하기 위해 처음 만들어졌다. 100년이 넘는 기간 동안 올림픽이 이어지면서 얼마나 많은 배지가 생산됐을지 짐작이 안 간다. 올림픽 배지가 한정판이다 보니 가치가 높을 것이다. 올림픽이 열릴 때마다 배지도 모으고 타국 문화도 경험하고 사람들과 교류하는 핀 트레이더들이 멋지게 느껴진다.

이렇듯 수집 활동은 묘한 매력이 있다. 어쩌면 소유하고 모으려는 욕망은 인간에게 기본적으로 내재된 것인지도 모르겠다. 그런 면에서 나도 아주 소소한 수집 활동을 하고 있다. '적십자 배지 수집'이다. 올림픽과 규모를 비교할 바는 아니지만 그 나름 배지 구경을 많이 할 수 있는 곳이 적십자다. 올림픽이 1896년에 시작됐다면, 적십자는 1863년에 시작됐다. 또한 190여 국가에서 적십자가 활동하기 때문에 국내뿐 아니라 각국에서 제작된 배지가 상당히 다양하다.

직장 생활을 하면서 회사에서 만든 배지에 관심을 갖게 됐다. 직원, 봉사원, 강사 등 소속을 나타내는 배지, 기부자에게 제공하는 배지, RCY 프로그램 참가자에게 제공하는 배지, 봉사 시간을 보여주는 배지, 헌혈 행사 배지 등 종류가 다양하다. 새로운 배지가 나오면 하나씩 얻어서 모았다. 해외 출장을 갈 일이 있으면 그 나라에서 만든 배지를 사거나 교환했다. 언젠가 나만의 배지 컬렉션을 만들어 봐야지 하면서.

하지만 최근 몇 년간은 거의 수집하지 못했다. 관심에서 멀어져 있었다. 핀 트레이딩 기사를 보고 오랜만에 나만의 배지 수집함을 거실로 들고 나왔다. 바닥에 하나씩 펼쳐 보았다. 옆에서 아빠의 행동을 지켜보던 딸아이는 처음 보는 배지가 너무 이쁘다며 자기한테 주면 안 되냐고 졸라댔다. 여러 개 있는 배지는 하나씩 줬지만 하나밖에 없는 것은 주지 않았다. 흩어져 있으면 의미를 알 수 없지만 모아놓으면 제법 근사해 보인다. 돈이 되진 않더라도, 양이 많진 않더라도 꾸준히 수집하면 나만의 소소한 컬렉션이 된다고 생각한다.

한동안 멈췄던 배지 수집을 다시 시작해야겠다. 화려하진 않아도 일상의 작은 즐거움을 찾아서 말이다.

별난 민원인

 좋은 소리만 듣고 일할 수 있다면 얼마나 좋을까. 오죽하면 월급의 반은 욕먹는 값이라는 말이 있겠는가. 이건 직장 상사와 부하 직원 사이의 쪼고 쪼이는 관계에서만 통용되는 말은 아닐 것이다. 일하다 보면 "고생한다", "수고한다", "좋은 일 한다"라고 따뜻한 말을 건네는 사람들을 만날 수 있다. 역으로 입장 다른 사람이 하는 거친 말로 상처받는 경험을 겪을 수도 있다. 민원이라는 형태를 통해서 말이다.

 전화는 불만을 표출하는 가장 손쉬운 방법이다. 익명이니 장난을 치기도 쉽다. 여러 달 전 느닷없이 전화로 욕먹은 일이 한 번 있었다. 적십자회비 모금 기간이었으니 날아온 회비 용지에 대한 불만 때문이었을까? 상황은 이랬다. 파티션 너머 서무 담당 자리의 전화벨이 울렸다. 한 직원이 전화를 받았다. "사랑은 실천입니다. 총무팀 ○○○입니다"라고 사내 멘트로 고객에게 응대했다. 그런데 상대방은 헌혈 얘기를 잠시 꺼내다가 일방적으로 전화를 끊었다. 좀 지나 전화가 다시 울려서 받았더니 이번에는 상대방이 그 직원에게 기분

나쁜 신음 소리를 의도적으로 내더니 다시 끊었다. 민원인이 먼저 연락한 걸 안 받을 수도 없고 그렇다고 전화를 일방적으로 끊을 수도 없는 노릇. 흔한 일은 아니지만, 돌아가는 모양새가 작정하고 저질 장난 전화를 하는 느낌이 들었다.

"이상한 전화가 자꾸 들어오는데요."

직원이 맞은편 앞자리 선임에게 말하는 걸 자연스럽게 엿듣게 됐다. '안 되겠다. 다음 전화는 내가 당겨 받아서 정리해야겠다'라는 생각이 불현듯이 들었다. 그래서 전화벨이 울리자마자 통화를 끌어와서 인사 멘트를 했는데, 상대는 다짜고짜 "야이, 개××야"라며 나에게 속사포 쏘듯이 욕을 퍼붓기 시작했다. 노가드 상태로 강편치를 맞아서 살짝 어찔하기는 했지만 그래도 '짬'이 괜히 짬인가. 곧바로 냉정을 되찾은 후 계속 들었다. 젊은 남자가 뭔가 불만이 쌓여 전화한 것 같다는 생각이 들 뿐 내 말은 도통 먹히지 않았다. 그렇게 1분쯤 욕을 하더니 전화를 끊었다. 그리고 한 번 더 전화를 했는데, 다른 팀장의 목소리에는 위압감을 느꼈는지 아무 말 안 하고 끊었다. 그게 그가 사무실에 한 마지막 통화였다. 그날 욕을 먹은 사람은 유일하게 나뿐이었다.

'지사로 다시 돌아왔구나.' 뜬금없이 욕을 먹은 것이지만 사실 한때 회비 모금 업무를 했을 적에는 전화로 욕하는 사람들을 종종 접했다. 지금과는 다르지만, 과거만 해도 회비 모금 지로용지가 세대주에게 일괄 나갔다. 이미 많은 분이 적십자회비 지로용지를 알고 있었지만, 갓 세대주가 된 분들이나 마을 단위에서 기금으로 회비를 납부해 개별 용지를 받아보지 못한 분들은 용지를 받고서 "이게 뭐냐?", "반드시 내야 하느냐?" 같은 전화를 많이 걸어왔다. 충분히 설명하면 회비를 내든 아니든 대부분 잘 끝났다. 간혹 "왜 이런 걸 보내느냐?"라고 항의하는 분들은 애초에 설득이 어려웠다. 그런 분 가운데 심한 경우 통화 중에 욕을 하시는 분들이 더러 있었다.

이상하게 욕을 하는 사람들은 남자들이었다(경험상). 자신보다 약한 사람이라고 판단해서 강경하게 나오는 것인지, 남자인 내가 아닌 여직원이 전화를 받을 때 더 심하게 표현하는 듯하다. 그래서 부서 동료 여직원에게 "전화를 받고 중간에 낌새가 안 좋으면 나한테 넘겨요"라고 말하곤 했다.

그렇지만 언제 그런 막말이 날아올지 아무도 모를 일이다. 한 번씩 갑작스레 욕이라도 먹게 되면 망치로 머리를 한 대 세게 맞은 것처럼 순간 멍하다. 반나절은 흥분이 가라앉지 않을 때도 있다. 욕먹은 직원은 화장실에 가서 울었는지 눈이 부은 채 돌아오는 일도 있다. 이렇듯 이곳 적십자도 엄연히 고객이 존재하는 기관이기 때문에 민원과 응대는 반복된다. 접수되는 민원은 기관별로, 사업별로 조금씩 다르다.

얼마 전 퇴직한 처장님이 재직 중에 만났던 별난 민원인 얘기를 페이스북에 올렸다. 그때 같은 기관에서 근무했고 이 건이 워낙 유명해서 나도 기억한다. 지금 생각해도 참으로 출구 없는 꽉 막힌 항의가 아니었나 싶다.

당시 지사는 신사옥으로 이전한 터였다. 그때 건물 외벽에 회장님이 직접 숙고해서 "국민의 눈물을 닦아줍니다"라는 문구를 정하고, 지나가는 사람들이 볼 수 있도록 태양광 시설물까지 가리는 큰 간판을 붙였다. 어려운 이웃을 돕는 인도주의 활동을 통해 국민에게 더 다가가겠다는 상징적인 메시지였다.

그런데 한 퇴직 공무원 출신의 민원인이 이 표현에 문제를 제기했다. 니들이 어떻게 국민의 눈물을 닦아주느냐며 표현이 잘못됐다고 따졌다. 건물 앞을 지날 때마다 거슬리니 간판을 떼라고 요구했다. 처음에는 전화로 항의하다가, 그다음은 사무실로 찾아오고, 기관장도 만나고 갔다. 지사에 얘기해 봐야 고쳐지지 않는다고 생각했는지 본사에도 연락해서 항의한 것으로 안다. 그래서 지사에서는 표현을 가지고 계속 문제 삼는 이 민원인에게 답변하기 위해 인근 대학 국어과 교수에게 검토를 받아서 답변을 하기도 했다.

민원인은 꽤 오랜 기간 이 문제를 놓고 물고 늘어졌다. 그 경직된 사고에 모두가 혀를 내두를 정도였으니, 이 민원이 내가 기억하는 가장 별난 것이다.

참고 견뎌

회사 생활을 하면서 여러 상사를 만난다. 그중에는 두 번이나 같이 근무한 직장 상사도 있다. 처음부터 함께한 건 아니었다. 나는 지사에 입사해 근무했고 그 팀장님은 혈액원에 있었다. 두 기관이 한 건물에 같이 있어 직원 간에 왕래가 잦았다 할까. 입사하고 몇 달 지나 팀장님과 저녁 자리를 함께 했는데, 나에게 "언제 한번 같이 근무하고 싶군"이라고 말씀했다. 크게 의미를 두진 않았지만, 그 말을 들으니 기분이 괜찮았다.

입사하고 5년쯤 됐을 때였다. 그 팀장님이 내가 근무하는 지사 회원홍보팀 팀장으로 왔다. 나는 이미 사내 해외연수 대상자에 선발되어 떠나기 전 마지막 채비를 하던 차였다. 팀장님이 부임한 지 한 달도 안 되어서 나는 캐나다로 연수를 떠났다. 연수를 마치고 나는 다시 제자리로 돌아왔지만, 또 몇 달 후 타 부서로 발령이 났다. 3년쯤 지나 팀장님이 내가 근무하던 구호복지팀 팀장으로 왔다. 팀장님이 나를 따라오는 건가. 당시는 일도 많았지만, 승진 시험을 준비해야 하는 상황이었다. 일은 계속 늘어만 가고 허덕이다 보니 내 안에서 스트레스가 차오르고 있었다. 그러던 차에 하루는 팀장님이 한참 일하고 있던 나에게 말을 걸었다.

팀장   이 대리, 자네 'Hang in there'이라는 영어 뜻 아는가?
나   휴… (한 템포 쉬고) '참고 견뎌'라는 말이잖아요.
팀장   이미 알고 있구만. 조금 더 힘내시게.

당시 나는 국제적십자요원 과정에 참여하고 싶어서 아침마다 〈굿모닝팝스〉로 영어를 공부했다. 이 프로그램에서 배운 표현이라 기억하고 있었다. 그 시기를 그렇게 넘겼다.

단편적인 일화지만 요즘 들어서 내가 이 일을 다시 떠올리는 이유는 내가 팀장이 됐기 때문이다. 조언과 격려를 받던 위치에서 이제는 때때로 격려해야 하는 입장이 됐다. 매 순간 참고 견뎌서 모든 일이 해결되는 것은 아니다. 다만, 힘든 시간을 참고 견뎌서 만들어진 결과가 오늘의 나인 것 같다는 생각이 든다.